中台

产品经理宝典

从业务建模到中台设计全攻略

刘天◎著

电子工业出版社·
Publishing House of Electronics Industry
北京·BEIJING

内 容 简 介

当下的互联网产业已经进入了一个相对成熟的阶段，此时决定企业竞争力的关键因素已变成效率。因此如何用最低的成本完成最多的产出就成为互联网公司的新目标，而中台战略实际上就是达成这个目标的最优可行性方案。所以每一位想把握行业前沿趋势的产品经理就面临着新的技能要求——必须掌握中台的设计理念。

本书从中台产品经理视角出发来解读中台的概念与功能，以讲述如何设计中台产品为核心，将笔者在多个中台项目的产品设计经验总结成一套可复用的中台建设模型——MSS 建设模型，来帮助想学习中台搭建的产品经理们。笔者依据这套建设模型讲述了一个完整的大型企业的中台产品建设案例。该案例在复杂的、多条业务线高耦合的背景下，带领大家从 0 到 1 搭建起企业的完整中台体系（业务中台+数据中台+技术中台），以加深大家的理解。同时本书还总结了多个在中台产品实战分析中常用的方法论，方便各位中台产品经理及对中台感兴趣的互联网人在设计自己的中台方案时直接参考与借用。

图书在版编目（CIP）数据

中台产品经理宝典：从业务建模到中台设计全攻略 / 刘天著. —北京：电子工业出版社，2020.7

ISBN 978-7-121-35638-4

Ⅰ．①中… Ⅱ．①刘… Ⅲ．①企业管理－产品管理 Ⅳ．①F273.2

中国版本图书馆 CIP 数据核字（2020）第 086034 号

责任编辑：林瑞和　　　　　特约编辑：田学清
印　　刷：三河市鑫金马印装有限公司
装　　订：三河市鑫金马印装有限公司
出版发行：电子工业出版社
　　　　　北京市海淀区万寿路 173 信箱　　　　　邮编：100036
开　　本：720×1000　　1/16　　　印张：17.25　　字数：278.2 千字
版　　次：2020 年 7 月第 1 版
印　　次：2022 年 7 月第 8 次印刷
定　　价：69.00 元

凡所购买电子工业出版社图书有缺损问题，请向购买书店调换。若书店售缺，请与本社发行部联系，联系及邮购电话：(010) 88254888，88258888。

质量投诉请发邮件至 zlts@phei.com.cn，盗版侵权举报请发邮件至 dbqq@phei.com.cn。

本书咨询联系方式：010-51260888-819，faq@phei.com.cn。

序

写书

时间飞逝，好像昨天刚刚提笔开始撰写本书，而今天已经结束正文的撰写，开始写起书的序言了。可以说这本书的写作旅程终于算是结束了。

既然写下了这本书，作为这本书的"产品经理"，那就请允许我谈谈我是怎么开始我的分享之路的。

在早年互联网创业浪潮正高的时候，我作为一个爱折腾的人，也跟随潮流，加入了创业大军，涉足的领域也是那些年大火的资讯类产品。随后得到一个不小的天使轮投资，这让我开心了好久，但是正如任何人生都有转折一样，我的项目由于一些原因最终也走向了失败。而在那之后，我进入了职场，去了多家头部互联网公司，先后担任了多个企业级产品的产品经理、产品线负责人。

但是有过创业经历的朋友们都知道，每一位创业者都有一颗不安分的心，这种心情迫使你特别希望与外界交流。于是从 2018 年开始，我陆陆续续地将自己有关产品设计的经验与行业发展分析的文章发表到多个互联网圈内的网站，如"人人都是产品经理"、PMTalk、PMCAFF 等。当时完全没想到自己的文章居然能被同行所认同，我也因此成了很多网站的专栏作家，甚至被业界及学校请去讲课，乃至在 2019 年我居然收到电子工业出版社编辑的邀请——邀请我撰写本书。这一切只能说自己是同行中非常幸运的一个！

还记得当我决定要写"中台"这一话题时，整个市场上很难找到一本专门面向产品经理去讲解中台设计经验的书籍，而我作为产品经理更知道产品经理们想要了解的不仅包括中台概念，还包括如下几点：

    ♫ 如何去设计中台产品？

    ♫ 如何根据公司具体情况及业务需求去设计属于本公司的中台产品？

    ♫ 有没有一些方法论和实战经验能帮助我们高效地编写出自己的中台产品解决方案？

就我个人而言，我属于非常喜欢尝试新鲜事物的人，于是在早些年"中台"这一概念刚被提出时，我也带领团队在集团内部实践了中台的设计思路。正是在自己摸爬滚打、带领团队完成了多个中台项目的设计后，我决定亲自写一本专门给中台产品经理看的书籍，将我个人的中台设计方法与经验分享给大家，为大家在设计中台时提供一定的参考，帮助更多后来的中台产品经理们！

本书

本书分三篇来讲述中台：

    ♫ 第一篇（第 1 章）：从互联网产业的视角出发为大家解读时下互联网产业发展的趋势，以及是什么样的产业背景导致中台概念偏偏在这个时候变得成熟并开始备受企业追捧。

    ♫ 第二篇（第 2 章至第 4 章）：以一个生活中做菜的案例来为大家深入浅出地解读中台概念，以及市场中多家互联网巨头的中台发展现状与趋势。

    ♫ 第三篇（第 5 章至第 12 章）：也是本书的核心篇章，从产品经理实战的角度出发为大家总结了一套通用的中台产品建设模型——MSS 模型，并详细讲解了如何利用这套模型去设计企业的业务中台、数据中台和技术中台。想要成为中台产品经理的朋友们能通过这套模型快速掌握中台产品的设计方法，正在设计中台产品的中台产品经理们在制作自己企业内部方案的时候可以将这套模型带入企业业务，从而快速完成中台方案的设计。

正如前面所说，本书是专门面向产品经理而写的中台产品实战设计理念分享之书。为此，与市面上的中台书籍不同的是，本书在介绍 MSS 模型的同时，以一个多业务线的电商企业为背景，为大家详细地介绍了一个从零开始的可商用中台系统群实战案例。

该案例涉及中台需求调研、企业业务流程建模、中台架构设计、功能框架设计及最终产出三大中台产品方案等一整套的有关中台产品关键节点设计的实战展示。此外在这个完整的中台设计案例中，我不仅仅谈到了中台建设，也将我自己多年设计大型企业级产品的一些设计理念放了进去，使读者能看到一个完整的中台项目从规划到设计产出的全流程。

感触

从一开始带队参与中台项目的设计，到写书向大家分享我的中台经验，一路走来，我对中台概念及背后的互联网发展规律有了一个新的认识。

在我看来，这几年互联网行业中新的产品理念被不断提出，这本质上是整个行业开始由追求计算效率演化为追求顶层设计的实现效率，我们不用再为节省计算机的计算资源而去频繁地对软件设计方案进行不断的优化。

造成这种现象的原因有很多，其中一个就是在有了"云计算"这一概念后，我们可以近乎无限量、低成本地去拓展计算资源，底层计算在当今已经变得不那么值钱了，而互联网项目的设计者、实现者的时间变得更值钱了。

这也就是中台相关概念受热捧的根本原因，即能帮助我们更好、更快地去实现软件项目的上线迭代。

再说回写书的旅程，从最开始的初稿撰写到多次修改后的定稿，这期间还要兼顾工作，回顾过来这一路还是充满了艰辛。但是非常感谢这段写书的历程，它让我能将过往碎片化的知识点与经验进行重新整理并凝结汇聚成本书。

因此这里要特别感谢本书的林瑞和编辑，他在本书筹划期间提供了很多帮助，也给了我很多出版领域的建议，这尤其让我感动。特别感谢林瑞和编辑对我的信任与支持。

此外要感谢本书的第一位读者黄凌冰女士，她为本书提供了许多建议。在第一次阅读书稿时，她直截了当地提出书中有很多晦涩难懂的部分不利于很多初次接触中台概念的产品经理朋友们阅读。为此我特地将很多概念都尽可能以通俗易懂的形式讲述出来，从而方便大家阅读和学习。很感谢她在我写作中为我提出的很多宝贵意见和给予的帮助。

最后希望本书能为所有中台产品经理带来帮助。

刘天，于上海，2020/04/30　22:44

目　录

第一篇

起源：中台战略的前世今生

　　"任何新事物的出现，都是为了解决当下发展时期所遇见的种种新问题。没有无缘无故的爱与恨。"

　　本篇就来为大家剖析一下"中台"这个突然兴起的新概念是基于什么背景而产生的，又是为了解决当下互联网发展中遇到的哪些新问题。

第 1 章

互联网颠覆变革的出现

创新是唯一的出路，淘汰自己，否则竞争将淘汰我们。

——安迪·格罗夫，英特尔公司前总裁

1.1 互联网的上半场与下半场

纵观中国互联网产业的发展史，经过短短几十年我们走过了从无到有、从有到全的两个阶段。此时如果回头找寻整个互联网产业之前若干年的发展特征，我们很轻松就能发现一个显著的规律，那就是在这些年里成长起来的互联网巨头们，它们的主题几乎都是关于终端消费者的。

深入这些巨头的核心业务来仔细观察，不难发现，无论是早期的门户网站时代、社交时代，还是之后的电商大战，再到近期的共享经济等，其业务的兴起都是基于互联网人口激增这一时代背景的。伴随着庞大的新增用户的需求，各类为解决互联网用户衣食住行消费需求的产品迅速发展起来，如图 1-1 所示。

图 1-1 互联网巨头产品

这里我们就可以对"消费互联网"下一个定义了：以日常生活为应用场景，为满足终端消费者在互联网中的消费需求而产生的互联网类型。

但是就在这种大环境下，2016 年美团的掌门人王兴却首次在公开场合提出了美团要发展面向中小型企业用户的服务的"互联网下半场"的概念，并指出了美团的新发展方向：开始发力 B 端业务（B 端英文全称为 to Business，与之相对的 C 端英文全称为 to Customer，B 端业务指目标客户是企业或组织的业务，C 端业务指目标客户是终端用户或消费者的业务）。随后腾讯、百度等一干巨头都提出了自己未来的 B 端战略。

一时间互联网被分割出了以消费互联网为代表的"互联网上半场"和面向企业用户的"互联网下半场"两个概念。

而这些巨头的动作也为我们揭示了与上一个周期截然不同的发展理念：**互联网下半场新的战略方向将是向产业互联网迈进。**

但是除了看到进军新领域的"震天喊声"，我们也必须知道产业互联网无论是盈利效果、创新难度还是企业服务都比消费互联网的要复杂得多。以往在消费互联网中投入 100 元成本就能收获 10 元利润的局面，进入产业互联网就变成了投入 1000 元成本才可能收获 10 元利润的局面。面对这么低的投资回报率，为什么互联网的发展势头还会出现如此之大的变化呢？在解答这个问题前，还是让我们先看看互联网的上半场发展成什么样了。

1.1.1 产业发展视角：产业基本发展规律

要想搞懂互联网产业发展变化背后的本质原因，首先我们必须了解一个基本的产业概念：三段式产业发展规律。

所谓"三段式产业发展规律"，就是指：如果站在一定高度来看，对于包括互联网在内的任意一个产业，其产业周期都可以根据企业核心竞争力的重心而划分为**技术时代、产品时代、市场时代** 3 个发展阶段，并不断循环更替，其循环如图 1-2 所示。

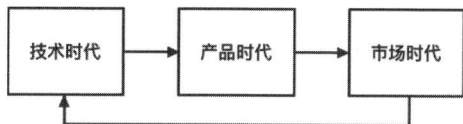

图 1-2 产业发展循环

（1）技术时代

所谓技术时代，就是指在行业刚刚发展时，由于行业的生产工艺具有先天的门槛，所以在整个行业中谁第一个拥有产品生产的核心技术，谁就能率先完成产品的研发并将产品投入市场，从而近乎垄断式地占领整个市场并成为行业中的巨头。

此时的企业对外几乎可以不在乎整个市场的反馈声音，并拥有相当大的定价权。在该行业中企业间的唯一竞争壁垒就是手中的核心技术。而企业内部则以工程师文化进行驱动，一切以技术攻关为主。处在这个阶段的企业没有别的办法，就是在比拼自家技术实力。例如，假如你是一家手机生产厂商，你的手机生产能实现可折叠屏幕而别人家不行，那么在有可折叠屏幕需求的用户群体中，哪怕你的手机在其他部分有不足也会有绝对的市场。

大家可以思考下为什么 QQ 在一推出就能让人们迅速改变传统使用邮件进行联系的沟通方式。究其原因就是 QQ 所带来的即时通信、群聊等全新功能，对比以往邮件单调的点对点方式是颠覆式的技术革命，解决了人们更丰富的交流需求。

我们总结一下技术时代的特征：

♫ 产品宣传文案中主要渲染的是技术参数与首发内容。例如，16 核处理器、后置四摄、可折叠屏幕等技术参数。

（2）产品时代

当然任一技术的垄断都不可能是永久的，当市场中的其他企业通过不断的技术攻关也逐渐掌握了对应的生产技术后，整个市场就自然进入了下一个阶段：产品为王的时代。此时市场中各个企业的竞争就变为用户体验、满意度与口碑方面的角逐了，而谁能给用户带来更好的使用体验，谁就能占领市场。

为了更形象地理解，我们不妨拿一个现实生活中生产热水壶的案例来看。对于热水壶来说，它的核心生产门槛就是制造保温内胆，而行业初期只有少数几家企业能生产内胆，因此在整个行业中这几家企业便是绝对的龙头。虽然此时的产品保温时间不长、颜色单一、造型单调，但是由于市场中仅有这几家能生产，所以热水壶依旧供不应求。

而随着技术的发展，越来越多的企业掌握了热水壶内胆的生产技术，一时间市场便涌出了各种品牌的热水壶，如华壶、米壶、水果壶等。但是随着产品的丰富，市场中的用户对产品有了更高的要求，比如保温时间要长、水壶的手把要能既便捷又舒适地提握、单位容积要高。面对这样随着体验维度升级而出现的市场需求声音，这些迈过了生产门槛的企业就进入了新的角逐时代。在本阶段大家比拼的就是用户体验与差异化，谁能准确把握市场对热水壶的体验痛点，谁就能拥有市场。当然这个时代也是我们产品人的黄金时代。

我们总结一下产品时代的特征：

- ♫ 由追求行业第一变为追求谁家的产品更能让用户满意。例如，在闪光灯技术日趋成熟的情况下，OPPO 等厂家在前置摄像头上加闪光灯让爱自拍的女性用户拍照更好看；锤子系统里增加了在发短信前有若干秒确认时间的细小体验来防止误操作等。

（3）市场时代

当全行业不断努力让市场产品差异化变得越来越小时，此时也就进入了产业发展的第三个阶段：**市场为王时代**。如果去看这个阶段各个企业的热水壶产品，最显著的感觉就是同质化现象严重，各家水壶从外观到保温性能再到使用体验上几乎没有差异，大家随便买任何一款热水壶都能很好地解决自己的需求。

因此此时行业中各个企业的竞争点再一次发生了改变，演化为企业自身的市场运作与产品分发能力的比拼。此时行业中谁能铺货到更多渠道、品牌运作方面能让更多消费者熟知、拿下更多订单，谁就能成为市场的巨头。

如果我们再对照前文所提到的从 2016 年开始很多互联网大佬提出了"互联网下半场"概念，从产业发展规律来看，对所谓的"互联网进入下半场"我们完全可以换一种理解方法：**当下的互联网从产品时代进入了市场时代**。

我们总结一下市场时代的特征：

> ♪ 强大的上下游议价能力。在这一阶段和企业谈合作时，无论你介绍了什么，对方在听后永远提及的都是自己下游的分销量是多少，而后直截了当地问能给多少提成。毫无疑问，这就是标准市场型企业。

（4）产业升级，重新回到技术时代

当企业进入市场时代时，就意味着我们已经来到了本轮产业发展的最后一个阶段，而在接下来的发展中一定会有新的技术诞生从而将整个行业带入产业升级的进程。当然，随后产业会进入新一轮的从技术研发到产品再到市场渠道比拼的发展循环。

举例来说，离我们较近的一次得到广泛应用的产业升级，应该是手机行业普及和进入 4G 时代。而这次的技术铺垫让市场诞生出了以抖音为代表的新的互联网巨头，也标志着互联网诞生了新的发展侧重方向——视频产业。

综上，通过对这个理论的掌握，我们可以清楚地看到：**上半场互联网在当下的产业发展阶段中实际上已经进入了市场时代并即将迎来新的技术变革，而此时我们面对的是一个市场相对饱和又缺乏创新的互联网环境。读懂了大的产业趋势，接下来我们从产品角度来看看上半场发展到现在有什么特征。**

1.1.2　产品迭代视角：产品生命周期

对于任意一个产业来说，其最小组成单位就是一个个的产品。目前有一个成熟的理论——产品生命周期（Product Life Cycle，PLC）。它主要描述一款产品的整个市场寿命，即一种新产品从开始进入市场到被市场淘汰的整个过程。

只谈概念的话大家可能感觉还有点陌生，但是相信如图 1-3 所示的产品生命周期图大家应该都看过。

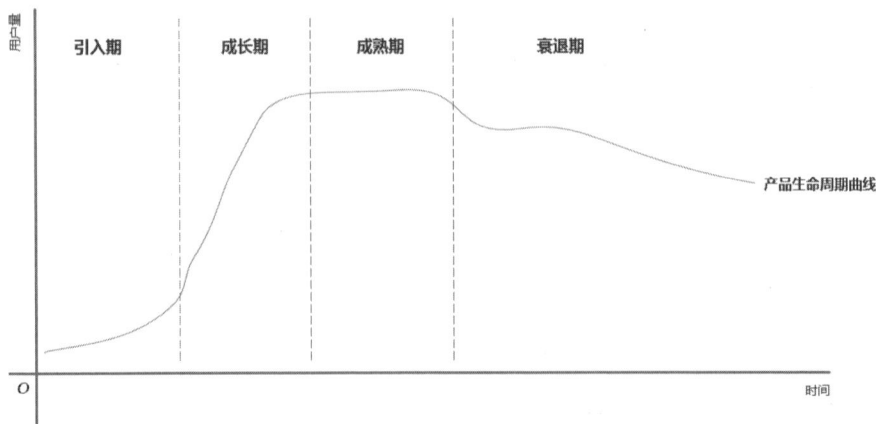

图 1-3　产品生命周期图

那么在我们了解了产业发展基本规律后，我们就可以以另一种视角来解读这个理论，即以宏观的产业发展基本规律来看产品生命周期。我们再来看这 4 个时期。

（1）引入期

在这一时期由于新技术刚刚诞生或初建不久，只有为数不多的公司投资于这个新兴的产品；由于初创阶段行业的创立投资和产品的研究、开发费用较高，而产品市场需求狭小，销售收入较低，因此这些创业公司可能不但没有盈利，反而普遍亏损。

产业中各企业都在以技术攻关为第一发展目标，一切的基础都建立在产品是否能产出，也正是相当高的技术门槛导致行业中的企业在投入巨大的研发费用后只能以主流群体为核心进行运营，整个行业还处在技术市场化阶段。

（2）成长期

此时的产品大多数进行到基本产品框架搭建完成的时期，在这个时期各大企业都在努力优化产品的核心功能与整体体验，并努力寻找每个场景下该功能的最优解，去不断吸引用户。

从产品设计思考角度来看，此时产品是用户导向的，企业会向纵深发展，将最新技术应用到各个人群，为各个细分用户群体进行量身定制。例如，以淘宝网、京东为代表的这类线上购物模式诞生后，在产品主导阶段，电商行业演化出了海淘电商、二手市场电商等企业，去满足技术时代被忽略的各种小群体。

（3）成熟期

产品已经完成了缺失功能开发，进入迭代优化期（例如，此时在 App 的更新介绍中大多数描述都是关于性能优化和交互优化两个方面的），产品用户增长也已步入平缓期，目标市场已经基本被占领，市场需求趋向饱和，整体环境也开始竞争加剧。

从宏观角度来看，整个产业已经变成了市场为王的流量游戏，此时的新项目上马依靠的是原有渠道导流、大量级 App 换量等，行业已经有很多标准的操作流程，每个项目已经有可供参考的投资回报率（ROI）标准，也就是说，如果我投入一块钱，按照本行业标准我可以很快地测算出一个大致的营业收入。举例来说，在互联网行业中衣食住行已经发展得相当成熟，此时如果想再次切入市场，唯一的玩法就只能是去寻找互联网流量巨头，依靠其进行导流。我们可以看到，早期的拼多多能异军突起，其中一个相当重要的原因就是它获得了微信这一应用的流量入口，如图 1-4 所示。

图 1-4　微信为拼多多进行导流

（4）衰退期

新产品或替代品出现导致用户转向其他产品，用户量开始衰退，随之产品渐渐停止维护，产品开始走向死亡。此时产业也进入了迎接产业升级的准备阶段，整个行业即将开始一轮新的洗牌。

如果我们将"产业发展规律"与"产品生命周期"这两个概念结合来看，可以发现其实产业发展与产品生命周期是一种标准映射关系，如图 1-5 所示。

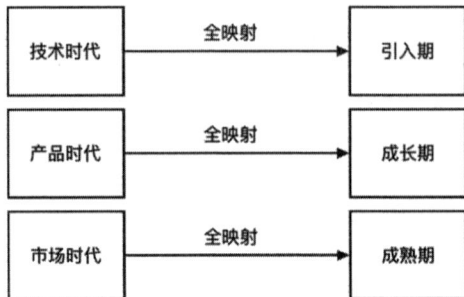

图 1-5　映射关系

1.1.3　互联网分界线出现的原因

在学习完这两个理论后，我们再对照现在的主流互联网发展情况就可以清楚地看到这些变化。

消费互联网产品生命周期特征如下：

- 产品特征：在现在的应用市场中，大家随意打开巨头的 App 更新介绍来看，各家应用介绍都是关于解决体验问题的。
- 客群特征：各家的产品都处于一个获客成本高、市场决定产品成败与否的时期。
- 产品生命周期：产品均步入成熟期。

通过这几点，我们可以再次肯定我们从产业理论中得出的结论：**消费互联网确实进入了市场时代。**

相对于消费互联网的增速变慢，此时再来看看巨头们所追捧的产业互联网，还是从产业发展规律与产品生命周期两个维度来看：**其市场处于技术时代，其产品处于引入期与成长期，可以说具备标准的全新市场特征。**

面对整个大环境的变化，对于以往都是在深耕消费互联网产业的企业来说只有 3 个选择：

- 与巨头继续在现有战场进行更惨烈的竞争。
- 在现有领域通过研发新技术去带来新一轮互联网发展。
- 去选择其他的产业新生方向（产业互联网），重新回到"刀耕火种"的阶段。

企业生来就是趋利避害的，在这道选择题中第一、二个选项都意味着要进行大规模的投入并且要承担相当高的失败风险。因此巨头们只能去选择企业服务市场，也就是去选择第三个选项。

对于这种选择，这里我们可以类比一个生活中的通俗例子。相信大家都玩过网游，在网游中有这样的一个现象：每次游戏运营方开一个新服务器（以下简称新服）时，各个服务器的玩家都会蜂拥而至，经常造成新服爆满。而出现这样局面的原因其实很简单，在原来的服务器中各个等级的人群已经固定了，每次新的版本开放，头部玩家都可以凭借积累的资源很容易获得第一，而在尾部的 80% 玩家却因为没有资源只能一直处在尾部，这也就是马太效应的体现：强者愈强，弱者愈弱。而此时新服的开放对他们来说是一个公平竞争的机会，所有人的之前成就都被归零而需要重新开始，每个人都有成为头部玩家的机会，这也就是很多玩家愿意去新服的原因。

这里的企业决策也正是如此。当整个 C 端业务出现乏力时，面对选择，前几个选项所需要的时间与投入都比较大，且有着高风险，因此各大企业也不得不向产业上下游进发去选择新市场，这是一次能改变企业在行业内地位的机会，这也就是互联网下半场竞赛开启的原因。

所以我们来完整总结一下消费互联网与产业互联网的不同与定义：

- ♫ **消费互联网**：在上半场诞生，之后进入市场时代，产品普遍步入成熟期，即将进入下半场。

- ♫ **产业互联网**：新的发展领域，在整个市场上还不存在绝对巨头，市场处于技术时代，任意一家企业都有可能成为未来的巨头。

1.2　互联网上半场明星：前后台业务模式

搞清楚了上半场的定义与出现原因，接下来我们就来聊聊处于上半场的互联网公司内部最常见的业务开发组织形式：前后台业务模式。

一说起"前后台"这个词，相信大家在平日的工作场景中一定听过很多关于前后台的叫法，比如你可能在公司的组织架构图中看到有以**前台人员、后台人员**划分的人员架构，而在软件研发过程中研发同学又会说代码要做好**前后台分离**。那么这里的"前后台业务模式"究竟是什么意思呢？

其实要正确地认识前后台业务模式，准确来说，我们可以从宏观与微观两个角度来一起解读。

从宏观角度来看，可以从公司组织架构的角度将公司内的人员划分为前台、后台两部分，具体如下：

♫ 前台人员：主要负责承接项目、对外谈判、资源对接，具体岗位可以是销售、售前、商务等。

♫ 后台人员：主要负责支持前台，将前台的业务需求予以实现，具体岗位可以是研发、测试、用户界面（UI）、产品等。

从微观角度来看，对于任意一个企业所提供的应用服务解决方案，其内部的研发产物都可以分为如下两部分。

（1）前台

所谓"前台"就是由各类用户终端系统组成的一个整体，其中的每个组成部分都是企业与用户的一个触点，也是企业真正与用户产生交互的部分，具体来说也就是正常环境中用户可以直接接触到的产品部分，如可在应用商店下载的 App（像微信、抖音、手机淘宝），或者以网页为载体的应用等。而一条产品线也可能有多个用户触点，如 App、微信小程序、公众号、手机 H5 站。

这里我们需要注意的是，**每个前台系统都是用户首先对一个产品整体建立认知与产生评价的地方。**比如，大家对于微信的理解就是这个前台 App 所展示的一切：一个绿色图标的应用，里面有我的 A、B、C 等好友，当我需要和朋友进行一般性沟通时会到这里联系他们。

（2）后台

后台系统主要指可以管理企业的核心资源（数据+计算）的系统，具体来说可以再分为如下两个部分：

- 企业的内部资源管理系统，如订单管理系统（OMS）、企业资源计划（ERP）等。
- 为前台提供计算服务的基础平台，如数据压缩能力、并发等。

后台最重要的特点就是其提供的服务都是不被普通用户所感知的，整个系统对于用户来说是完全看不见摸不着的，用户也不会为此买单。就像用户不会因为应用的并发能力和传输速度而记住微信这个产品一样。

这里需要说明一下，在本书中我们谈论的"前后台"都是微观定义，即从应用内部来看。

在简单了解了前后台的基本概念后，我们就可以用一张图来概括描述前后台交互模式，如图1-6所示。

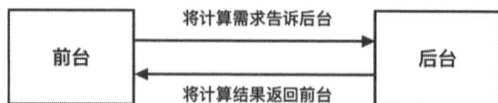

图 1-6　前后台交互模式

通过这张图我们就可以很容易地理解前后台交互模式的核心：由后台提供能力与计算，前台将后台的计算结果进行封装，并以图形的形式展示给用户，让用户能更容易地使用公司提供的服务来解决个人需求。

举个通俗点的案例来说，我们去任意一家超市买东西，在超市货架上所陈列的各种商品与其中的导购员共同组成了我们能感知到的超市前台。

可是在这个超市背后它具体是怎么经营的、是怎么进货的、是怎么定价的，我们都无法得知，所以这一整套内部运营体系就被称为超市的后台。

同理，对于我们看到的网站，其文字、图片、视频就是网站的前台，而网站是怎么运行的、是怎么设计运行程序的、是部署在哪个服务器上的，这些我们都是看不到的，而这些东西共同组成了网站的后台。

因此可以说，前台就是我们最终交给用户操作使用的程序代码，而后台是对用户每次点击的操作进行对应逻辑响应的程序代码，我们通过封装将运算的复杂过程放在后台，不直接显示给用户，从而给用户带来良好的体验。

1.3　互联网下半场业务模式特征

接下来我们就要来看看互联网下半场的业务模式相较于上半场发生了什么改变。

1.3.1　特征 1：以企业服务为业务核心对象

与互联网上半场业务模式的第一个不同，就是在下半场里互联网公司的服务对象发生了巨大的变化，**由原来的个人消费者变为一个个独立的企业主体。**

进一步观察这两个不同的互联网阶段，对于上下半场的服务对象的特殊性，我们可以这样理解：在上半场发展中，企业好比是在做增量市场，通过不同维度的商业创新将越来越多的用户、资源吸入互联网产业，整个业务形态就是在努力扩大互联网用户规模占市场总体用户规模的份额，如图 1-7 所示。

就拿大家身边的案例来说，一个普通的日常购物事件到了互联网时代后，在以淘宝网、京东为代表的电商企业不断丰富购物场景玩法后，出现了免费购、一元购、拼团购、视频导购、信用购、理财换购等种类繁多的促销方式，吸引着拥有不同类型需求的消费群体进入了网购场景，这也直接导致了网购人群从最开始的一、二线城市中的居民逐步扩散到三、四线城市中的居民。

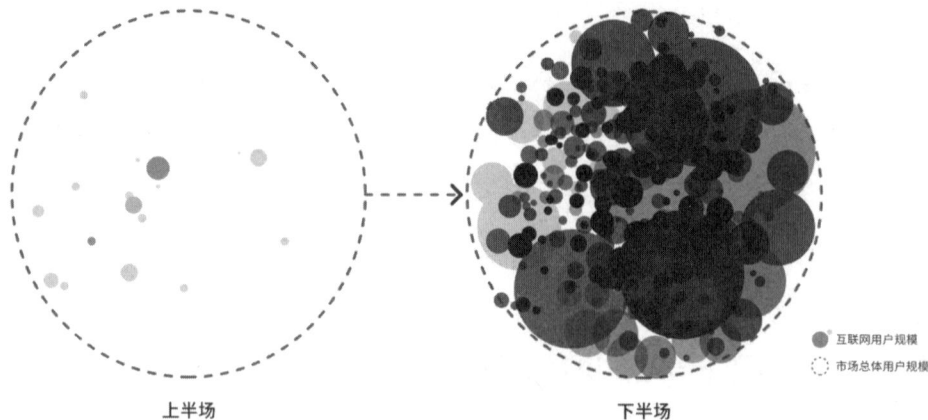

图 1-7　上下半场互联网用户发展进程

而在互联网下半场中，则变为主要去做存量老用户的信息化升级业务，让我们拿一个城市建设的例子来理解。在一个城市兴建初期，我们在这片百废待兴的土地上第一阶段要去完成的是大规模的基础设施建设。而这之后随着人们的需求升级，我们对传统的房屋有了更高的需求，开始需要垂直功能性的房屋，如电影院、KTV、酒吧等，此时我们就需要对一些已经落后且无法提供需求满足的房屋进行升级。说回到这里，就是要通过互联网工具对传统非软件化企业或已经有薄弱信息化建设的企业进行升级改造。

正因如此，互联网产品所提供的解决方案也从改善普通用户的日常衣食住行变为聚焦企业的生产经营活动，具体措施也就变为以提升企业运营效率和优化资源配置为核心和出发点的互联网应用和创新。提升运营效率就是通过信息化帮助企业提高内部信息流转效率，将以往信息流转节点自动化或者创造更方便企业人员去处理的方式。

例如目前已经随处可见的企业内部审批管理，在传统的线下流程中，用户需要拿着材料去找到特定的节点人员进行签字。这里可能出现的问题：节点人员由于日程问题无法及时处理，材料不齐全，等等。因此我们可以为企业打造线上审批流程，并支持多个终端，甚至可以将部分审批自动化，从而大大提高信息处理效率。

优化资源配置主要是帮助企业进行生产成本管理，优化供应链体系。我们可以看到在上半场，企业尤其是各大电商平台（如淘宝网、京东）根据自己的需要凭空创建出了一个全新的以线上订单为导向的供应链体系。这种新的供应链基本上重新构建了整个行业的交易效率，也借此为我们创造出了"双 11"这类的购物狂欢节。而与之对应的线下实体厂商的供应链在今天看来是相当低效的，因此下半场就是针对线下传统的供应链进行数字化赋能升级，互联网企业利用能够搭建高效率信息传递系统的优势去提升传统供应链的效率。比如，供应链更加精准地反馈信息，根据原材料的实时库存量变化去智能预判产品产量变化，从而去辅助生产决策，应对订单的突然变化。

让我们总结来看，在业务核心对象上：

♪ 消费互联网面向 C 端消费用户，不断开拓互联网市场边界，以满足用户衣食住行的基本型需求为目的。

♪ 产业互联网面向以往市场中的存量客户，也就是企业主体，以产业端提升效率为目的。

1.3.2 特征 2：渠道中间商的新价值

在互联网上半场里，传统零售行业中冗长的销售链条一度是互联网企业口诛笔伐的重点对象。因为这种经销商体系让终端消费者承担了高昂的价格，所以各个行业中的互联网巨头就通过"干掉"经销商与代理，将这些中间商的利润让给用户，从而完成了企业自身的用户群的快速聚拢。对这种改造行业的上半场模式，我们可以称之为颠覆式创新，它颠覆的是各个行业中的渠道中间商，从而为消费者带来低价的产品。

但是正因为这些互联网企业触动了传统行业中渠道中间商的利益，颠覆式创新本质上不会得到传统产业厂商的支持，甚至成为被驱赶的对象。例如，我们经常在生产厂商内部见到同一个配置的产品有不同的两个名称编号，甚至有部分厂商直接将线上所销售的产品命名为网购专用款，目的是让用户无法在线上搜到线下同款产品进行直接比价，导致线上线下两款产品虽然是完全相同的但是最终零售价却能相差30%以上。这种局面就是因为传统渠道方依仗着控制了互联网企业还无法下沉到的市场，要求实体厂商进行利润保护。

而在下半场的产业互联网又有了全新的商业思维。如果说上半场的商业模式是强调"颠覆"，通过搭建买方与生产方直接对接的平台，实现交易环节压缩并降低交易成本的，那么下半场的逻辑就变为"赋能"，互联网企业不再强调去中间化，而转变为在不改变原有利益分配的结构下，建立起产业间各公司的关系从而进入企业的后端，为企业与供应链中的生产企业提供信息化服务，提高生产过程中的信息传输效率与产业内资源配置效率。思维由摧毁中间商企业变为帮助企业更好地联系上下游企业进行生产效率的提升。

1.3.3　特征3：千人千面的业务

当我们切换到企业用户特征的视角时，我们会发现，在挑选服务的决策上，普通消费用户与新市场中的企业用户有着很大的差别。

我们以订晚餐这一场景为例。就普通消费者而言，他对于要怎么样在线上完成订餐这一流程通常是没有自主概念的。此时我们为他提供 A 和 B 这两种订餐流程，他在没有其他参考去对比时，仅看 A 与 B 流程是无法判别这两个流程在设计方面的好坏的，此时他会很快地学习这两种流程、做出自己的选择并完成订餐。这种现象也就是乔布斯曾经说的"消费者不知道自己想要的是什么"。

而就企业用户而言,这个问题就完全不一样了。同样是关于订晚餐流程,虽然企业服务的决策者也对订餐流程没有概念,但是由于他掌管着众多员工,出于企业经营成本考虑,决策者肯定会选择最贴合自己企业的流程的服务。

比如企业规定的午休用餐时间为 11 点半到 12 点,如果你提供的配送服务只支持在 12 点半之后送到,此时企业决策者就会思考:如果你的服务无法满足员工在规定休息时间内用餐,那么每个员工的正常上班时间就会受到影响,这对企业来说是非常巨大的损失。因此你的这个方案对于这家企业来说就是不合适的。

这其实也就是我们做 B 端业务时很普遍的现状:面向企业的产品很难要求一家企业去修改内部的组织架构、人员分工、业务模式、规章制度来适应我们软件的流程与功能,否则企业肯定不会选择我们的服务。

在了解两者的不同后,在这里我们对这两类用户的画像进行一次对比,如图 1-8 所示。

图 1-8　企业用户与普通消费者的用户画像对比

因此,就面向企业用户来说,我们的业务更多是需要贴合每个企业的流程进行定制化的服务。这也就造成了我们为企业提供的产品无法像消费互联网中那样一个标准产品可以让数亿位用户都使用,很可能同一功能在不同的企业场景中都需要再次单独开发,形成千人千面的局面。服务提供的演化示意如图 1-9 所示。

刚才我们说到了在产业互联网中客户都是企业级的,所以我们需要针对每家企业进行适配。但是从软件工程学上分析,企业开发一个高可用软件的成本是相当高的。例如，我曾经参与创业的第一家公司中一个项目报价为 34 万元，而该项目仅是一个现有的办公自动化（OA）产品的二次定制开发。

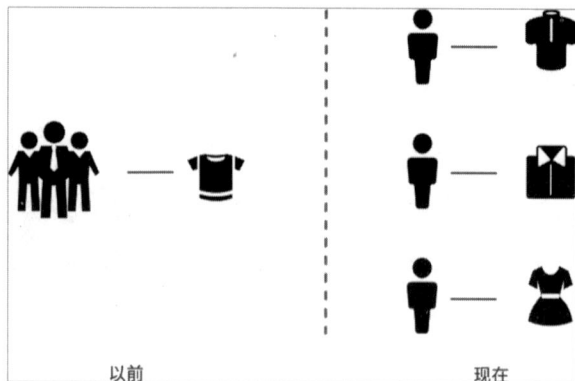

图 1-9　服务提供的演化示意

大家试想下，如果今天当你要使用 QQ、京东等软件时被提示你需要付出数十万元，你还会用吗？事实上互联网企业也懂得普通用户很难去独立承担软件开发费用，因此互联网企业发明了一个新模式：**将产品与服务标准化后进行大规模推广，从而让用户所付出的人均成本得以摊薄到几乎为零**。但是这种玩法在下半场的产业互联网中却失灵了。在这个市场中每一个企业用户都处于高度分散的情况，且很多有信息化需求的企业已经处于本行业前几位，这就意味企业内部已经有了自己的想法与特殊化的需求，此时我们很难再用一套标准化的系统去服务这些企业客户了。所以，在下半场我们进入了非标准化的互联网时代。

此时进入互联网下半场，我们发现，要想能留住一个企业用户，作为直接对接方的前台系统需要不断创新去响应企业用户需求，简而言之就是不断进行迭代尝试，一旦发现方向不正确就推倒重来并不断试错，这里面最重要的是我们需要控制每次试错与推倒重来的成本以使花费不能太高。

总结下来，我们可以得出互联网上下半场的不同，具体如表 1-1 所示。

表 1-1　消费互联网与产业互联网对比

	消费互联网	产业互联网
服务对象	C 端消费者个体	B 端企业主体
市场定位	新型市场开拓	存量客户服务升级
渠道中间商的地位	互联网消灭对象，并瓜分其利益	互联网赋能对象，并通过其生存
用户需求特征	无明确需求形态	从企业自身出发的定制化需求
产品形态	用户统一使用相同的产品	每个用户的产品不一定相同
互联网属性	标准化时代	非标准化时代

在本章的最后请大家思考一个问题：既然业务特征已经发生了如此大的变化，那面对这种变革时企业自身的产品研发模式又会对应地发生哪些变化呢？

本章总结

知识点 1：互联网上半场、下半场

知识点 2：产业基本发展规律，即任意一个产业的周期都可以划分为技术时代、产品时代、市场时代 3 个发展阶段

知识点 3：产品生命周期，包括引入期、成长期、成熟期、衰退期

知识点 4：互联网上半场的业务模式为前后台模式

知识点 5：互联网下半场业务模式特征

- ♬ 以企业服务为业务核心对象。

- ♬ 渠道中间商的新价值。

- ♬ 千人千面的业务。

第二篇

剖析：中台到底是什么

罗兰·贝格国际管理咨询公司的创始人罗兰·贝格（Roland Berger）曾经提出，企业要快速成长，须打造以面向交互对象为核心的"特种部队型"前台交互"作战"单元，以快速响应、迭代交互。

事实上，中台就是前台业务交互单元的"航空母舰"，它以聚合的方式帮助前台快速匹配所需的能力与资源，进而实现针对用户需求变化的敏捷响应。

第 2 章

为创新而生：中台战略

在资源稀缺的今天，丢掉科技创新的全球化不会长久。

——彼得·蒂尔/布莱克·马斯特斯，《从0到1》作者

2.1 中台规模化元年

就在各大互联网巨头积极备战互联网下半场时，不知从何时开始一个新词出现在我们的眼光中——"中台"。也就是一转眼的工夫，所有互联网巨头都开始谈起了"中台"，并称之为下半场的业务"良药"。

让我们打开百度搜索引擎，输入"中台"二字就能检索出来一千多万条相关记录，可见大家对于"中台"这一话题讨论得有多么热火朝天，如图2-1所示。

图2-1　百度搜索引擎检索结果

与线上热火朝天的讨论相呼应的是，我们可以看到，各大互联网巨头争先恐后地开始宣布中台战略的实施情况：

♪ 2019年5月21日，在腾讯全球数字生态大会上，腾讯首次公开对外介绍了自己的开放中台体系。

♪ 2019年6月4日，在大数据产业峰会（BDIC）上，京东集团副总裁、京东零售技术与数据中台负责人黎科峰对外分享了京东的中台战略与发展历程。

♪ 2019年7月31日，字节跳动公开招募进军搜索引擎的人才，也在里面

提到了"搜索中台"概念，字节跳动内部将中台分为用户增长（以投放拉新解决方案为主）、技术（以算法解决方案为主）、商业化（以广告解决方案为主）和直播中台这 4 个部门。

♪ 2019 年 9 月，美团内部正在尝试打通美团 App 全平台、大众点评、摩拜单车各个业务之间的数据，构建数据中台。

因此，2019 年也被称为中台规模化元年，也正是在 2019 年，各类关于中台领域的建设与争论开始硝烟四起。随着中台的知名度越来越高，我们不禁想问：中台到底是什么？企业布局中台的背后原因又是什么？本章就让我们来一起探寻下背后的答案。

2.2　下半场对原研发模式的考验

在学习完互联网上下半场的业务特征后，我们已经知道中台并不是互联网企业在一开始就有的，而是基于"前台+后台"的架构演变而来的。

那么在正式开始讨论之前我们要搞清楚一个误区，之所以越来越多的企业都开始布局中台的建设，并不是因为原来的前后台模式在研发架构上无法再支持眼下互联网出现的种种新业务场景，如企业服务、多平台战略等。

事实上前后台模式反而是公司最省时、省力的一种面向新业务场景的解决方案。因为这种业务模式在整个系统建设中不需要我们过多地思考系统的拓展性，我们只需要按照实际业务量的大小将业务交由后台系统做好对应需求的计算逻辑，并在前台完成定制化的信息展示，就做成了一个产品。可以说系统中没有一点"多余部分"的研发，从而为企业节省了大量的研发人力。

比如，现在我们需要为某餐饮企业的 100 家门店制作一套收银系统，在前后台设计模式中只需要考虑这家企业的偏好，如企业希望在首页展示今日收入总额，那么我们就在设计中将首页内容固定为今日收益内容，不需要再考虑企业想让首页显示别的信息时系统要如何去支持，所以说这种模式反而大大简化了研发一个业务系统的工作量。

既然如此，为什么各大巨头还需要急匆匆地寻找前后台的替代物呢？这背后还真有些内容需要我们仔细揣摩一下。

2.2.1 前后台模式的根本弊病

在第 1 章，我们其实已经总结出了互联网下半场业务模式的 3 个特征：

- ♪ 以企业服务为业务核心对象。
- ♪ 渠道中间商的新价值。
- ♪ 千人千面的业务。

这里我们可以先从第一个角度来回答刚提出的问题。原因就是业务的主要矛盾发生变化了，我们的产品由标准化产品变为以用户为单位的定制化产品，此时为了抢夺市场资源，每个定制化产品都需要快速迭代、落地终端。

怎么证明这个变化呢？这里我们要先引入一个概念——**功能生命周期**，也就是单一功能从研发上线到再次迭代的时间。通过这个概念我们可以衡量一个产品功能对应的特定用户群体的需求变化情况，时间越短说明用户需求变化越快。

例如，我们要为现有的 OA 系统新开发一个财务报销审批模块，以供企业员工在线上完成外出报销。

虽然说在初期产品经理已经完成了对客户群体的调研并采集了需求，但是当该模块真正上线后还是会出现两种可能情况。

一种情况是这个模块在推广过程中一直没有用户提出意见，说明用户接受度高，本模块能解决目前这些企业内部的报销问题。

而另一种情况在 B 端市场非常常见。当我们每新增一个企业用户时都会有新的需求被提出，如能否增加附件在线编辑、多人会签、审批流程自动去重。此时我们需要针对本模块进行迭代并增加新的功能，这其实就意味着原来的功能生命周期变短了。

之所以我们要了解这个概念，就是因为在消费互联网与产业互联网中一个功能的生命周期长度发生了巨大的变化。

让我们分别选择 C 端市场的某电商平台与 B 端市场的某 OA 软件作为案例来做个对比，这两个应用的版本迭代记录如图 2-2 所示。

图 2-2　版本迭代记录

从这两个 App 的版本迭代记录中我们能看到，该电商平台中的"特卖商品"功能从上线到历次改版的平均间隔时间为 6 个月，即该功能生命周期为 6 个月。

也就是说，虽然我们看到的很多电商平台中特卖专区每天的活动文案与活动商品内容都不一样，但是这些都只是内容的更新，在这背后的功能框架却是不变的。

再来看某 OA 软件中的"企业云盘"功能，平均每次功能迭代的间隔时间为 2.75 个月，即该功能生命周期只有 2.75 个月。

所以不难发现，产业互联网最显著的体现就是任意版本的功能生命周期缩短了，就像这个案例中由 6 个月缩短为 2.75 个月。可以想象，除了用户需求的变化越来越多，市场中同一行业的竞争者也越来越多。这些都逼迫着每家互联网企业不断去快速更新产品来更好地满足用户需求。

而就是这样的产品生产节奏恰巧暴露了前后台模式的根本弊病：响应速度太慢。

这是为什么呢？让我们再来看看传统的前后台生产流程，在绝大多数企业的前后台模式中生产流程都采用的是烟囱式架构，如图 2-3 所示。所谓烟囱式架构，也就是垂直项目体系结构，每当公司内部启动一个项目时，所有的服务都是从底层开始建立的。

应用A	应用B	应用C	落地应用
Web A App A 数据A	Web B App B 数据B	Web C App C 数据C	前台
计算A 存储A 网络A	计算B 存储B 网络B	计算C 存储C 网络C	基础IT设施

图 2-3 烟囱式架构

例如，一家原来从事国内业务的自营电商公司由于业务的发展涉足海淘业务模块时，以往我们的做法就是成立一个新的项目组去从零开始开发，此时这个项目组需要采购独立的服务器资源，甚至项目负责人在看完之前的自营业务模块后，发现原有流程和模块体系与现有的业务有众多不同，往往会选择从零开始研发一套新的业务系统。

例如，由于国外产品在折扣描述上与国内的习惯是不同的，如"-20%"等于国内的"打八折"，此时想要套用原系统就面临很多业务不兼容的问题。于是便重新开发商品中心、订单中心、会员中心，并成立独立的数据中心。这样导致在公司内不同的项目不共享资源，更不能互相访问调用资源，这样的项目就像烟囱一样树立在公司内，每个项目变为一个个的资源孤岛和信息孤岛。

大家可以回忆下自己所待过的公司在新项目上马时是不是这样的情况。

我们从图中可以看到，在这样的架构下，每个项目的底层支撑部分都是独立建设的，但是实际上对于一个产品来说，用户真正能接触到的部分只是前台业务，如App、小程序、网站等。这就造成了当我们要研发一个新产品时，大量底层支撑部分的建设工作与等待时间对用户来说是"无效工作"，因为真正应该快速迭代的功能核心只在于前台部分，只有这样用户才能感知到，**用户是不可能为你的系统底层架构建设而买单的。**

举例来说，前后台模式中，我们的一个电商网站由于用户前台需要组织各种新的销售方式（如拼团、一元购等），所以在每次活动页面开发的时候不仅需要前端重新设计页面，而且后台的服务接口与数据表都要重新设计。

这种架构让公司内部每次开发一个新业务都需要从底层的工作开始，这样导致很多底层服务的重复建设，并大大增加了开发时间。这无疑拉长了我们的需求响应时间，造成的局面就是在某些时候活动模块还没开发完成，我们的热点风口就已经过去了。

因此对于现在的模式来说，各大公司需要的是一个最少改动底层或只开发上层就能应对绝大部分需求的新的解决方案。

2.2.2　前后台模式下的发展瓶颈

接下来我们来谈论第二个原因，实际上是因为公司业务发展到某一阶段时，在推进多条业务线并行发展时遇到了瓶颈，此时为了解决如何继续朝前走的实际问题而不得不去探索前后台如何更便捷配合的新解决方案。

那么，这里的发展瓶颈又要如何理解呢？具体来说可以分为这3点。

（1）公司内外发展冲突

还拿前文的收银系统案例来说，在业务初期这个系统可能只面向餐饮行业，所以我们的收银系统都是依照餐饮业务场景进行设计的。但是随着企业市场的扩张，我们的这套系统需要面向零售行业进行推广。此时，我们要如何针对零售流程去改造收银系统？是一切都从零开始建设一遍，还是将原餐饮行业的收银系统剔除面向餐饮行业的特殊化功能后将剩余部分迁移过来进行二次开发？

大家可以看到，对这两种方案，我们都或多或少需要对原有业务系统进行改造，这里还只涉及公司原有业务进入一个新的细分市场，而当我们需要同时投放多个市场时又要如何高效地进行呢？这种公司外部需要快速迭代而内部每次迭代都需要"伤筋动骨"的冲突是我们存在发展瓶颈的根本原因。

（2）"前台+后台"的齿轮速率匹配失衡

在前台业务不断变化的过程中，为了能予以支撑，后台必须提供对应的接口与进行数据持久化。而在这个大背景下由此带来的矛盾就是：以往为了支撑前台越来越多的业务，后台在建设中不断通过模块化设计来追求服务稳定性，这种设计模式反而会导致系统越来越庞大，同时这样的后台变得越来越没法去快速响应前台业务调整所带来的改变。此外，原来的这种前后台直接关联模式，也决定了后台响应不及时便会导致前台业务无法上线的现象出现。所以，两者的冲突也就不可避免了。

（3）公司内部的二次统一

众多管理学书籍都曾提到这样的一个概念：一个有战斗力的公司一定是二次统一的公司。

其中，第一次统一是组织架构上的统一，这个统一在每一位新员工加入公司时就已经自动完成了，也就是大家都归属同一家公司。

第二次统一是指思考角度上的统一，大家能否不计较个人利益得失，从公司大局方向去思考，以集体的需求为统一出发点。

而第二次统一在企业刚组建完成时其实是自动具有的。常见的例子就是在很多创业公司初期只有十来个人时，这些初创的非核心员工由于受到创始人的热情感染，往往能做出很多令常人瞠目的事情，比如我见过的某创业公司里一位普通员工在出差时为了给公司省钱甚至自发到网吧度过一个夜晚。

但是当企业发展到一定阶段后，随着业务规模的扩大，其内部的组织规模也出现了极速的膨胀。最终会出现一个公司包含多条独立业务线的情况，每条业务线就像一个独立群落一样在公司内"圈地为王"。而当企业膨胀到这种组织体系后初始的第二次统一就消失了，开始普遍出现组织行为学里非常经典的"屁股决定脑袋"的现象，也就是每个部门在决策时只会从本部门利益出发。换言之，如果出现一个能对公司有好处但对部门的关键绩效指标（KPI）没好处的事情，部门的负责人是绝对不会去做的。

所以各个部门的这种狭隘思想就很容易让企业内部的团队形成一个个隔离地带，让每个团队的人员、业务、数据这三要素只停留至该团队内部。这使得一些功能模块被不同事业部反复建设，当使用时还需要跨越多个部门去多次对接。结果就是，不仅无法快速完成产品迭代，还要耗费极大的开发成本。

所以从这个角度来说，中台的出现也可以说是互联网企业在管理学方面的集体提升。

2.3 揭开中台神秘的面纱

2.3.1 通过一个做菜案例读懂中台

既然前面已经强调了这么多前后台模式的弊病，那么号称能解决这些问题的中台解决方案到底是什么呢？让我们以做菜这一通俗的例子来快速理解中台！

如果将互联网公司的研发中心比作一个厨房，将研发新产品的过程比作做菜的话，我们就可以很容易地理解这个概念了。

首先请大家想一个问题，在一家客流量非常大的餐厅中，我们要如何缩短客人的等餐时间呢？

相信很多人的第一想法就是增加多名厨师，但是对大多数的餐厅而言单纯增加厨师是不实际的，因为随之而来的是很高的人力成本，而且每天业务高峰期只有中午和晚上这两个时间点，虽然在饭点我们解决了这一问题，但是在一天中其他的时间里新增的这些厨师就显得非常冗余了。

正确的做法是将做菜这个任务拆分，从多个环节来思考。做菜流程如图 2-4 所示。

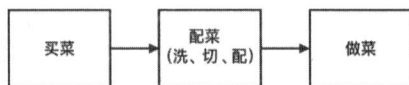

图 2-4　做菜流程

这样拆分后，我们可以发现，无论做任何菜系，买菜与配菜都是共有的两个步骤，我们完全可以只增加一位配菜的小哥来代替厨师去进行部分环节，这也就是现在主流的餐厅组织架构。改造后的做菜流程如图 2-5 所示。

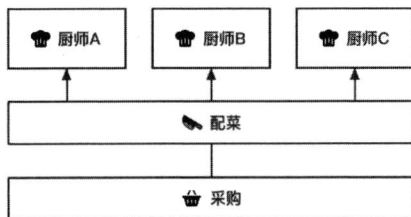

图 2-5　改造后的做菜流程

这样，我们每一位厨师新做一道菜时就没有必要从买菜、洗菜、切肉这些基础的环节开始，而是完全可以直接使用他人切好的肉片和洗好的菜下锅，唯一需要关心的就是如何在搭配调料上研究出不同的创意。厨师的做菜速度大大提高，并且在成本上大大缩减。

回到研发流程上来看，负责买菜的人其实就是我们研发的后台人员，他们帮助我们解决基础的原料问题，可以让我们稳定不断地从外部获取材料，保证内部供给。而厨师是我们的一个个前台业务人员，他们要做的就是根据不同地区不同口味烹饪出对应的菜系。

在企业业务多元化后，我们就可以将洗菜、切菜、配菜这些半成品的生产过程统一交给中台去完成，做菜的时候作为前台业务人员的"厨师"只需要告诉中台自己需要什么材料，当然这里的配菜小哥就是我们的中台，这样就大大加快了业务的完成速度。

所以说，有了中台之后我们的前台业务就可以去快速完成迭代，不需要每个服务都要求后台从 0 到 1 开始提供，而是根据不同业务需求去使用中台生产的对应半成品进行二次加工。

让我们再站在架构的层面来看看中台对整个系统业务所起到的对接简化作用。

假设我们经营一个电商平台。在我们未使用中台的时候，每一个前台的用户终端都需要与后台进行一次对接，如图2-6所示。

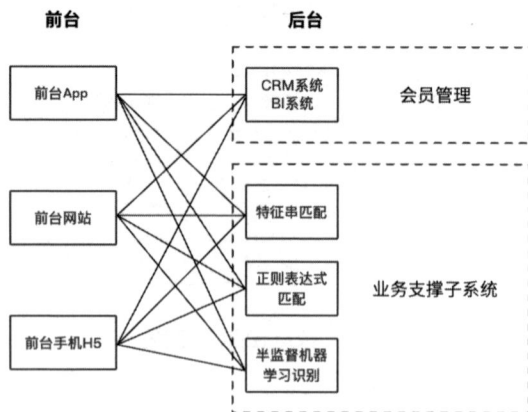

注：CRM 即客户关系管理，BI 即商业智能。

图2-6　前后台模式架构

而后台的每一个模块都需要维持与前台业务的关联，并根据不同业务的前台特征去加入适配部分。这样造成的结果：

- ♫ 后台的每一个模块都需要加入与前台适配的部分，从而大大增加了开发量。

- ♫ 每个前端在启动时需要分别对接不同的后台模块，也加大前台启动时的工作量。

- ♫ 当后台进行升级或架构调整时还需要考虑与前台的对接，并进行逐一的调整。

当我们引入中台后，让中台作为一个对接层，帮我们去统一对接前台的不同终端，同时对后台各个子系统进行统一的封装，让前台能无感知地使用各项服务而不需要单独设计通道，我们的系统也就简化成了如图2-7所示的这个样子。

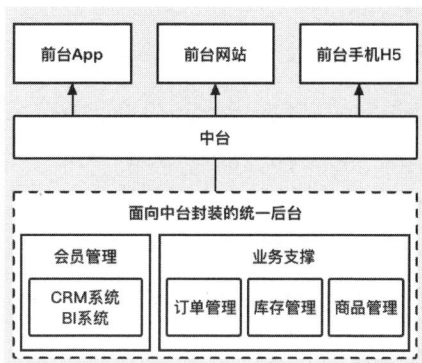

图 2-7 中台业务架构

通过对比，我们能清楚地看到中台对于公司的整个业务架构起到了非常大的简化作用。

因此，用一句话来概括中台模式：**中台的核心本质就是向前台业务提供服务共享，目标是更好地支持前台业务方进行规模化创新或大规模试错，从而更好地响应市场需求。**同时在这里简单提一下，一般性中台实现的手段是微服务架构、敏捷基础设施和公共基础服务。

中台作为一种产品设计思路或系统架构思路，并不受限于公司的规模。理论上讲，任何一家即将或者正在面临业务高速增长状态的企业，都值得利用和借鉴中台的思路，将目前业务当中大量可复用的功能和场景进行梳理，为业务的高速增长做好准备。

2.3.2 中台解决方案的完整定义

在理解了中台的概念之后，至此我们就可以用较为严谨的语言来给"中台解决方案"下一个定义：

中台解决方案 = 能力输出 + 标准化中间件

（1）第一部分：能力输出

对于一家企业来说，其能力可以包含多个维度，常见的例如计算能力、技术能力、业务能力、数据能力、运营能力、研发能力等。

而所谓"能力输出"就是要规划出什么是公司的核心竞争力，理清楚公司发展的战略目标与未来公司的主要业务会拓展到哪些方面，在这些业务层面中去提炼那些以共性存在并会在每个新开拓的业务中被不断使用的模块，然后将其归类到中台中进行统一建设，而不是把所有能力都进行复用化。

这也就是中台的一个重要的意义：**为不同的前台业务提供可以重复使用的能力，形成一次建设、多次使用。**

例如，我们规划了公司的核心方向是视频方向，未来可能涉及的业务形态：

- 在线视频。

- 视频直播。

- 短视频。

分析上面的业务形态后，我们不难判断出要抽取的基础模块包括：

- 在线视频编辑。

- 视频压缩。

- 多人点播。

- 视频断点续播。

- 视频账户体系。

在完成这样的划分后，我们就可以通过中台去统一实现这几个通用模块了。

值得提一下的是，虽然这里在说中台要考虑复用性和扩展性，但是要考虑多少、考虑多深就是一个非常考验产品经理功力的地方了。

还是举上面的例子来说，我在设计一个视频社区 App 的积分商城系统时，需要将商城交易方式抽象为能力，这里我们大体上可以按关联程度高低抽象出如表 2-1 所示的 3 种商城交易方式。

表 2-1　商城交易方式

序　　号	抽象能力层级	关　联　度
1	积分商品购买	高
2	竞价购买	中
3	撮合交易	低

但是同样的疑问来了，我们仅仅为了支持一个积分商城而需要将中台的扩展能力放大到开始考虑股票交易才用到的撮合交易模式吗？

当然，这里举的案例比较极端，因此我们能快速完成判断。但是在具体的中台规划中我们会碰到很多这种复用范围大小的决策，此时我们必须按照公司的核心业务规划来严格定义中台的能力，避免在中台出现过度建设的现象。

这里也用一句话来概括：可复用性和复用深度是衡量中台建设好坏的重要指标。

（2）第二部分：标准化中间件

在我们确定了公司的业务发展需要哪些能力之后，中台解决方案的另一个组成部分就是需要将每个能力进行封装，形成统一的可供前台业务端快速使用的中间件。

这里的"统一"具体表现在如下的两个方面：

♫　不同终端中的叫法与含义。

♫　定义统一化的输入输出。

为什么要统一呢？

在以往的前后台模式中，同一家公司内的不同项目组（如直播项目组、短视频项目组等）各自为战的时候，经常会出现一个事物在不同项目中因为场景化的需求而出现多个称呼的现象。

这也是原来不同项目组想要复用对方的模块时遇到的一个巨大的障碍，它导致无法快速对接，只能重新开发、重复建设。

就拿现在任意系统中随处可见的"用户昵称"这个字段来看，在不同项目组的应用中可能叫"用户名称""用户昵称""称号""化名"等；而在数据库中又可能有不同的字段名称，如"username""UN""name"等。

因此，我们需要一个中心化的产物帮助我们定义好这些通用属性，使其在公司中不同的业务端都能统一。

面对这种现象，在有了中台后，我们就可以通过定义标准化的中间件来解决。假设以后公司内部孵化的项目组再次要使用"用户昵称"这个字段，无论具体是什么业务前端，都会采用一个叫法、一种存储，这样不仅能直接使用之前项目的模块，同时还可以和公司内部的管理系统快速完成对接，这就是中台所起的作用。

2.4 中台解决方案的威力

通过前面篇幅的讲解，相信大家对中台的概念已经有了一定程度的理解。接下来我们就要聊一聊另一个话题：中台能为企业带来的价值。

从根本意义上来看，中台的核心价值之一就是可以大幅降低软件开发的边际成本。

要理解这句话，首先我们要弄懂边际成本是什么。

在这里我先为大家解释一下何为边际成本，边际成本（MC（Q））是一个标准的经济学术语。从概念性角度解释，边际成本指的是每一单位新增的产品所带来的总成本增加量部分。

还是有点难理解是吧？让我们看一个通俗的案例，这样大家就会明白了。比如说，今天我们要制造一部当今地球上技术含量最高的手机，该手机比如拥有透明机身、待机一年、支持全息投影通话等。在明确需求后我们便开始制造第一部手机，此时我们发现以地球上现有的技术是不被支持的，所以我们需要先组织技术人员进行技术攻关，在完成研发后开始进行产品生产线搭建、产品开模、工厂建设、生产流程设计、工人培训、试产。在这一切进行完毕之后，我们终于有了第一部手机。

统计一下，在第一部手机制作上我们一共花费了：设计费 1 亿元、研发费 2 亿元、生产线搭建费 5000 万元、生产流程磨合费 1000 万元、第一部手机成本（包含物料成本与工人成本）5000 元。

但是在我们完成了第一部手机制作后，当我们开始生产第二部手机的时候，突然发现成本一下低很多了，因为此时我们不需要再进行研发与生产线搭建了，这些东西都已经是现成的了，所以我们只需要付出第二部手机的成本（5000 元）就拿到了第二部手机，成本对比如图 2-8 所示。

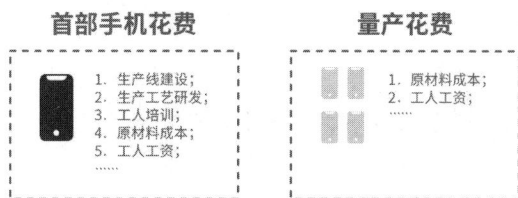

图 2-8　成本对比

当然，现在我们计算的是每部手机的独立成本，也就是从单个手机来看。此时让我们再站在企业视角上去计算整个项目的总成本，这两部手机的总成本：

$$100\,000\,000 + 200\,000\,000 + 50\,000\,000 + 10\,000\,000 + 5000×2 = 360\,010\,000 \text{ 元}$$

我们发现，多生产一部手机，企业的总成本只增加了 5000 元，也就是边际成本只增加了 5000 元。此时每部手机的平均成本：

$$\text{总成本}/2 = 360\,010\,000/2 = 180\,005\,000 \text{ 元}$$

如果我们要生产 1000 部手机，总成本就变为：

100 000 000 + 200 000 000 + 50 000 000 + 10 000 000 + 5 000 000 = 365 000 000 元

每部手机的平均成本降为：

365 000 000/1000 = 365 000 元

而此时如果我们不断增加手机的产量，我们会发现手机平均成本会随着手机产量的增加而不断下降，而这种变化关系使我们发现两者可以构成一个如图 2-9 所示的标准函数曲线。

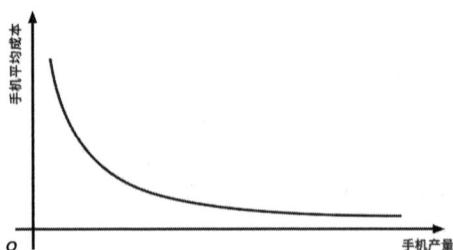

图 2-9　手机平均成本与产量变化曲线

这就是产量规模化带来的效应，也是我们经常听到的一个词"薄利多销"。那么这类重复性生产有没有可能让边际成本变为负数呢？答案是有的，这就是所谓的边际成本递减事件。

事实上，我们介绍的中台模式就是标准的边际成本递减事件。就拿电商企业搭建中台的订单中心来看，有了中台后，公司新增项目时只需要接入中台的统一订单模块就完成了订单服务。从公司层面来看，本公司新增的业务线（如自营、第三方入驻平台等）的不同客户、提供的订单服务的基础设施都可以看作凭空出现的，不需要成本。也就是说，中台让我们在建设上实现了一次建设、不断复用，同时随着这一模块的接入方增多，边际成本会出现不断下降的局面。

所以通过这个案例，我们就可以得出两个结论：

　　◇　基础设施的建设成本在后期可以通过大量的产品生成而逐渐摊平，让前期的投入成本无限趋近于零。

♫ 中台其实也就是我们企业的基础设施，同样符合上述边际成本递减的经
济规律。

那么中台带来的边际成本递减究竟体现在企业业务中的哪些地方？具体说来，
可以分为如下 4 类：

（1）提升内部服务的复用能力

通过梳理战略目标我们可以将公司现在和未来的核心能力抽取出来，而通过这
个步骤我们能将每个能力从原有复杂业务体系中剥离出来，并集中核心力量将其变
为一个个独立的标准化中间件，任何业务方需要使用时都进行统一的标准调用。(在
本书的 "实战：中台体系设计精髓" 篇中，我们会来谈谈如何进行核心能力抽象)

这样做的好处是能让公司核心力量所发挥的作用覆盖全公司，举一个不太恰当
的例子来说，一家公司内几乎所有的后端开发同学都能独立编写访问数据库并完成
增删改查的功能，但是如果我们要求每次编写的数据库访问操作都是对数据库资源
占用最小的，此时又有几个人能以这样的要求完成数据查询的功能实现呢？

而正确的做法应该是将这种进阶开发交由公司内的技术带头人，由他们做出最
优解并形成可复用的工具以在中台中同步给全公司的基础员工使用，这样在后期开
发中就可以实现公司的每个项目在数据库访问的部分都是以本公司内的最优解去完
成的，这样带来的性能提升是不可估量的。

同时我们还可以将这些模块归为一处、统一管理，从而在更新时实现一处更新
则所有项目都可以更新，大大提升公司内部项目的易维护性。

（2）提供全局化视野和全量数据模式

对于互联网企业来说积累的核心财富就莫过于数据资源了，但是由于项目制的
原因，各个项目的数据被限制在本项目中流动。而很多时候在本项目中并不算是很
重要的数据在别的项目中却变得非常有用，这种项目间的沟壑就让企业获取的数据

变为一潭死水。

像电商公司的用户交易订单,从支付角度来说,我们更为关心的是用户的使用场景,也就是用户平时喜欢买什么东西,而对用户的资金进出不是非常关心。

而这个数据如果放在金融借贷产品中就非常重要了,我们可以通过资金的进出来分析用户的净值与本人是否有多次借贷等金融行为。因此支付部门的数据在这里就发挥了重要的作用。

此外,公司的管理者所得到的数据只能是各个项目的结果性数据,比如总收入、总成本,但是他没有办法去获取各个项目的直接业务数据。而中台这一工具可以让各个业务的数据都沉淀在同一套中台服务中,让数据可以打破项目隔离变为一个企业中可以被复用的资源,并且通过各个项目的资源形成一个公共数据池,方便进行全局的决策。

例如,在某公司自营电商项目中,我们通过长时间的运营已经获得了当前用户的用户画像,如年龄层、偏好、职业、消费能力。而假设此时公司需要新开辟一条主打境外电商业务的业务线,在中台的帮助下我们就可以利用在自营电商项目中所积累的用户画像数据进行分析,筛选出那些单均价高、偏好国际品牌的用户,面向他们进行精准邀请以完成项目的冷启动。

当然,这里描述的主要是中台概念中的细分领域之一的数据中台的作用,在后面我们还会详细描述。

(3)提升应用的 TTM

中台的另一个重要的可感知作用就是能缩短企业的 TTM,所谓 TTM(Time to Market)就是产品从研发到推向市场所用的时间,对于企业来说这个时间当然是越短越好。

而对以往分散在各个项目中的共有部分进行统一维护后,我们在 3 个方向实现了统一:

- 专用术语含义统一。例如，在项目 A 中定义了"会员"这一对象，用其指代在公司中购买了付费服务的用户群体，则在公司其他的所有项目中"会员"将都是这一含义。不会再出现在项目 B 中"会员"指代普通用户而付费用户被称为"VIP"，但在项目 C 中"会员"又指代本项目中的所有用户这样混乱的局面。

- 结构化表达统一。在实现过程中我们也将使用统一的数据库存储方式。例如，将会员信息存储在特定的 User 表中并使其与数据库字段名称统一，并统一定义"会员"这一对象。要存储的属性有会员名称、会员等级、会员性别、会员昵称、会员编号等。从而使不同项目在使用"会员"这一对象时，都能有标准的格式去使用，这样就方便同一对象数据在公司内部流转与功能复用。

- 业务身份统一。利用中台，我们可以将业务中一些承担相同业务的模块抽取出来进行整合。例如，我们在会员购物阶段要输入支付密码完成用户下单确认，在登录注册时需要输入用户口令完成用户身份校验。这两个场景中虽然业务功能看似不同，但实际上其中的用户身份确认是同一个业务功能。而我们完全可以将这两处的密码校验抽取出来，剥离掉原来的业务属性，统一成一个密码校验模块以进行统一维护。这样在以后的新功能开发过程中我们就可以直接调用、完成开发。

（4）统一用户感知

不同的部门由于业务发展的时间长短不同，因此在积累用户体验细节上也会有不同。而新孵化的项目却可能因为诞生时间短、对用户群体的了解不够细致而无法给用户带来良好的体验。

就拿某公司产品的注册登录功能来看，如图 2-10 所示，诞生时间较长的 App（右图）由于经历过多次迭代，用户体验被优化得较为完善，当用户使用第三方登录后会在用户退出后提示用户上次登录所使用的方式（例如，这里提示上次登录方式为微信）；而反观相对年轻的App（左图），它没有此功能，当用户有不同授权登录时就变得很难回想起自己的上次操作了。

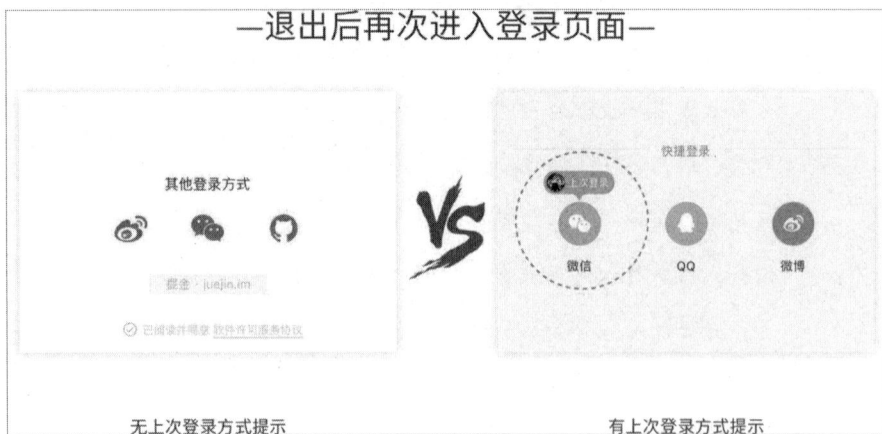

图 2-10　交互对比：登录提示

这经常会造成一个现象：同一家公司的产品体验会有天壤之别，让用户对公司的整体品牌认知无法加深。而通过中台，我们则可以将前台的交互流程进行统一管理，让任一公司项目在使用各种模块与组件（如登录组件）时，直接使用公司最新迭代的产物，站在巨人的肩膀上进行开发。

在竞争日趋激烈的互联网行业中，如何低成本又快速地完成业务创新去占领市场是每个企业所追求的方向，而中台解决方案的出现给我们当下的互联网企业带来了一个全新的发展思路。

本章总结

知识点 1：前后台模式在今天"水土不服"

♫ 原有的业务模式不再适应互联网下半场 B 端市场的半定制化销售的商业模式。

♫ 现有公司业务经过初期粗放式发展后遭遇若干发展瓶颈——公司内外发展冲突、"前台+后台"的齿轮速率匹配失衡、公司内部的二次统一。

知识点 2：中台的通俗化解释

中台就是厨房中配菜的小师傅，通过为各个前台"大厨"提供具有通用性的切好、洗好的半成品原材料，来快速支持前台完成"主菜"的烹制。

用一句话来概括中台模式：中台的核心本质就是向前台业务提供服务共享，目标是更好地支持前台业务方进行规模化创新或大规模试错，从而更好地响应市场需求。

知识点 3：中台解决方案的完整定义

中台解决方案 ＝ 能力输出 ＋ 标准化中间件

知识点 4：中台的作用

♫ 提升内部服务的复用能力。

♫ 提供全局化视野和全量数据模式。

♫ 提升应用的 TTM。

♫ 统一用户感知。

核心概念：中台建设的核心目的是什么？

中台的核心目的就是降低成本与提高效率。

首先，这里的"成本"可以分为两部分，一个是开发资源方面的成本，即公司内部已有多条业务线都在做同样的事情了，那么我们能不能把一些成功的案例归集在一起，不要去重复建设；另一个则是项目上线的时间成本，即新业务可以使用前人留下的代码组件，实现快速上线。

其次，所谓"提高效率"，就是让中台成为在前台与后台之间的一组"变速轮"，将前台的快速响应需求与后台的稳定输出要求进行匹配。

第 3 章

中台化浪潮

中台化的进程是受企业进入下半场业务所驱动的，所以对这一新工具的掌控的快慢将会直接决定企业在市场中竞争力的大小。

3.1 中台与产品微服务、SaaS 的区别

谈到"中台"，我们不得不说的另外两个概念就是"微服务"与"SaaS"，有很多人会把"中台"与这两个概念画上等号。但实际上，中台 ≠产品微服务 ≠ SaaS。这两个概念看似与中台很相似，却有本质上的区别，这一章就让我们着重讨论下这几个概念。

3.1.1 产品微服务

"微服务"一词最早是在开发人员的代码实现层面提出的，其目的是解决公司内部业务日趋复杂化后代码量指数上升所带来的高维护成本问题，这些问题具体为如下 3 点：

- 所有业务实现代码都写在同一个主体内部，任何人在维护时都要忍受"从头看到尾"的痛苦。
- 由于各个模块互相关联，任何一个部分都成为系统崩溃的潜在风险，例如流量激增或系统某一服务停止服务都会导致整个系统无法访问。
- 随着业务增长，系统不断衍生，而各个系统模块之间的交互也越来越繁杂，在对接新业务时需要实现高效的集群间通信方案。

而对于非技术出身的我们来说，可以将"微服务"简单理解成：为了方便代码维护与避免一个模块出故障导致整个系统都无法运行的局面，开发人员将功能按模

块进行封装，组成一个个小的独立单元让它们独立运行，如图 3-1 所示。

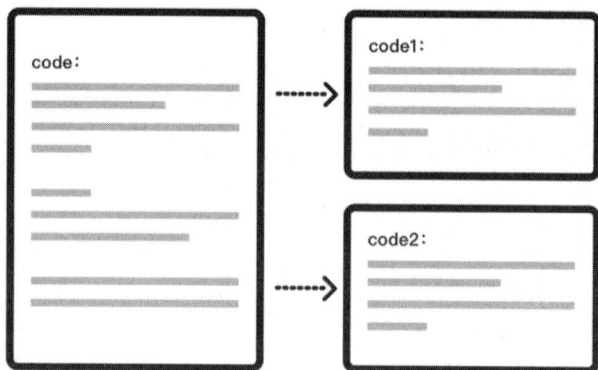

图 3-1 由"大代码库"划分为多个"小代码库"

这样的化大为小的思路在产品设计层面也是存在的，像公司随着业务线的发展，其产品内部的功能也会出现不同层级复用。因此我们在设计产品时就会将功能进行抽象并剥离出来，使之成为公共模块，以方便整条业务线调用，例如，审批模块、登录注册模块、个人信息编辑模块等。这种设计理念被称为产品组件化。

在了解微服务出现的背景后，对于微服务的特点，我们就能清晰地勾勒出来了。微服务的特点如下：

- 对业务进行分割、抽象，将整体业务划分为多个子模块。
- 每个子模块自成体系，可独立运行该部分业务的完整流程。
- 每个业务系统的每个服务都有一个通用的标准，输入、输出具有清楚定义的边界。

看到这几条特点，大家是不是感觉有些许熟悉？这几条特点与我们刚刚学习的**中台的实现概念如出一辙**。所以中台与产品微服务的区别概括起来就是：**产品微服**

务只是中台的实现手段之一但不是中台。在第 12 章我们会继续来讨论如何用微服务实现中台。

3.1.2 SaaS

另一个经常与"中台"相提并论的概念就是"SaaS"了，甚至有很多人错误地认为中台就是 SaaS，这其实是犯了根本的概念性错误。

首先我们要弄懂什么是 SaaS。SaaS 的英文全称是"Software as a Service"，中文翻译为"软件即服务"。

怎么理解 SaaS 呢？这里我们就要先回溯下软件行业的发展史了。在互联网还未诞生之前，软件行业其实也是一个非常传统的行业。它与同时期的其他制造业在商业模式上几乎没有任何的区别，都是通过生产产品再卖给用户来完成一次商业活动的，而唯一不同的是软件商每次卖给用户的只是一张罐装好程序代码的光碟，用户在拿到该产品后需要在自己的电脑上进行安装使用。在今天我们依旧能看到这样的软件公司，例如我们平时都会接触到的 Windows 制造商——微软。

既然软件产品是人类制造出的产品，那么它肯定会有故障的时候，这个时候就需要厂家进行售后维修。但是软件产品有它的特殊性，因为运行它的计算机载体不同，所以它所引发的故障和问题是不可控的，这也给厂家的售后带来了巨大的问题。

而在互联网诞生之后，厂家为了给顾客更好的体验，不再将应用软件以光碟的形式让用户部署在本机上，而是统一部署在自己的服务器上，由厂家自己进行后续的升级维护，此时用户可以通过网页或者特定的客户端进行访问、完成服务，不用再担心软件的安装与售后，常见的钉钉就是一个标准的 SaaS 服务。

此时每位用户可以根据自己的实际需求，向这些 SaaS 软件厂商按照计算量与时间进行使用权的购买，用多少买多少。

通过软件服务的发展史，我们不难看出 SaaS 其实就是一个服务需求方的成熟软件产品，它为顾客提供了完整的计算平台与客户操作终端，当然这里的终端可能是网页也可能是客户端。

对比在前面几章我们已经学习过的中台概念，中台其实是帮助企业自身提高研发效率的工具，中台的目的是企业能快速进行一个产品的搭建，而不是给客户提供直接服务。也就是说，首先中台产品的用户是企业内部的业务人员，同时在形式上，中台为了能更好地为各个项目提供能力支撑，在企业内部提供的服务更多采用接口的形式而不一定有客户端。

因此，我们能看到 SaaS 与中台其实是有很大的区别的。

3.2　什么企业需要中台

说到这里，关于中台的概念相信我们已经有了一个较深的认知了，但是紧接着大家一定会产生一个新的疑问：所有企业在进入当下阶段后都必须建设中台吗？或者说，自己所在的企业也要建设中台吗？

那么我们就来讨论下到底什么样的企业才适合建设中台，我们可以从以下这3个思考角度出发。

（1）公司发展阶段

当下阶段的发展核心是什么？公司内部是否支持腾出手来进行基础服务的建设？如果公司目前正处于努力争夺市场的阶段，那就不适合去立即建设中台，而应该首先完成生存发展。所以，一般建设中台的只有两类企业：一类是初创企业，一切从零开始规划好；另一类是业务线复杂的企业，一个企业在整个发展期间能做到多元化的业务，说明企业在核心业务上发展得比较成熟且产生了一定规模价值，此时开辟了新业务并将成功经验复刻到这些新业务上，从侧面也说明了这样的企业业务具有大规模性和高价值性。

（2）公司战略目标

公司的战略目标是什么？是否愿意继续聚焦本行业？因为中台建设实际上是在企业级别进行资源与能力的共享，而如果未来业务点不是统一的，那么最终中台所共享的内容将无法发挥原本的作用，也就是指企业内部相同需求的受众太少。

（3）公司业务线

这是最核心的一点。公司内的业务是否发展到一定程度？也就是说，公司内是否已经沉淀了一定量级的 IT 资产？这里的资产可以是数据、业务流程、运营模式等。并且这些业务线的资产是否都被验证过？例如，电商平台都有自己的订单流程，那么该订单流程是否已经被验证是符合市场需求的最优解？如果是，可以构建中台，我们可以用这一套成熟的订单流程去承载不同的前台电商模式，如工厂模式、海淘模式、第三方入驻模式。而如果这套流程本身还未成熟，业务线还在探索该流程是否能最快捷、最精准地描述订单流转体系，还需要时不时推翻重建订单流程，那么此时就没有必要将该业务线的资产归并到中台建设。

为了能更直观地评估出一个企业在目前是否需要建设中台，我将上面 3 个思考角度进行了细化，扩充为 10 个具体的判定指标项，汇总成了一张中台可行性评估自查表，如表 3-1 所示。

表 3-1　中台可行性评估自查表

一级目录项	二级目录项	三级目录项	参考占比	自查标准项具体描述	参考依据	评估候选值
企业中台需求强度判定	公司发展阶段（定性）	执行策略	5%	公司当下执行的策略是什么态势	受外部环境决定的公司当下是处于进攻还是防守策略，是否有必要进行中台规划	进攻/平衡/防守

续表

一级 目录项	二级 目录项	三级 目录项	参考 占比	自查标准项 具体描述	参考依据	评估 候选值
企业 中台需 求强度 判定	公司发 展阶段 （定性）	发展阶段	5%	公司当下发 展阶段情况	是否进入一个成熟期 或处于未启动的规划 期，这两个阶段都属于 较平稳的时间，企业可 以拿出足够精力进行发 展储能	初期／中 期／成熟期
	公司战 略目标 （定性）	愿景	20%	高层对未来 发展的设定	是想要继续做大，还 是想要安于现状	强／弱
		聚焦性	10%	公司对整体目 标的定义	是否有统一的市场方向	强／弱
		连贯性	10%	公司的部署是 否连贯	前后政策是否衔接	强／弱
	公司业务线 （定量）	业务规模	5%	业务规模的复 杂度，公司内部 是否已经孵化了 庞大的产品矩阵 并不断扩大	业务线条数与各条业务 线内部产品数	具体数量
		业务量级	5%	各业务的用户 规模大小	公司的业务量能否排入 行业中的头部梯队	上／中／下
		业务 重合率	20%	业务多元化情 况，判断中台的 实际业务规模	各业务是否有重叠部 分，如都包含会员模块 等，重叠功能模块数占总 功能模块数的比例	百分比
		使用频率	15%	业务重合部分 的使用频率，判 断中台承接实际 业务调用量	重合功能模块是否为高 频模块，用户每完成一次 业务访问使用重合模块的 概率	百分比
		业务迭代 耗时	5%	业务迭代开发 中各时间占比， 进行产出预估， 预估中台建成后 提效比例	重合功能模块开发占总 迭代的时间百分比	百分比

　　有了这张表，大家可以将自己所在公司的实际情况按项进行评估，并按对应的比例进行汇总，看看自己公司的整体情况能得什么样的分。如果得分大于 60 分，就

说明企业有建设中台的意义与价值。

总结下来，中台解决方案更适用于以下两种企业类型：

- 公司内部有多条产品线（比如电商平台），整体业务逻辑庞大复杂。业务系统研发团队多达数百人，需求多，变化快，这时业务中台可以把系统和业务领域划分清楚，提高研发效率。
- 公司已经有一款功能成熟并开始盈利的产品，此时这款产品是被市场验证的，我们可以将该产品的成功经验提取出来、放入中台，使其成为公司中的"万能钥匙"。公司在发展新业务时，可以使用该中台服务提高项目的研发效率。

3.3　中台产品的发展趋势

3.3.1　Supercell：国内中台概念的启蒙导师

在国内，中台的架构应该算是起源于阿里巴巴集团的中台的架构，而阿里巴巴集团的思想大程度上也是起源于阿里巴巴集团在 2015 年的一次商务拜访。当时阿里巴巴集团的一行高管率队前往位于芬兰赫尔辛基的 Supercell 游戏公司进行考察。

你也许不熟悉这家公司的名字，但是你或许听说过他们开发的游戏，如《部落冲突》《海岛奇兵》《皇室战争》，这些都是苹果游戏排行榜的经典推荐产品。而这家厉害的游戏公司一年的净利润高达 15 亿美元，但是整个公司的员工人数却不到 200 人，不过最值得称奇的还是这里的工作模式。在这家公司里，5~9 个员工就可以组成一个独立的开发团队去独立负责一款类似《部落冲突》的游戏产品的启动制作。

那么这么小规模的制作团队，是怎么做成了这么大的业务呢？

让我们看看他们的团队高管是怎么回答这个问题的：

"如这家公司的名字一样，Supercell 中每个项目团队都保持 10 人左右的规模，这种团队被称为 cell（细胞）。每个团队自身都能决定要开发什么样的游戏，与最终是否要面向市场发布它。而侥幸活过原型阶段的游戏，会先在加拿大等个别国家进行测试，再基于数据表现与玩家反馈决定是下架关服还是在验证玩法可行之后继续推向全球市场。"

——《小团队、独立性是我们开发游戏的关键》，Jim（Supercell 大中华区总经理）

可以说，这种由小团队自己去决定产品走向并推向市场再观察市场反馈的开发模式，使得 Supercell 公司内部的游戏项目面临丰富的竞争，从而让团队有动力去不断实现创新。

而我们还要注意的一个点是，能在如此短的时间内完成开发→市场验证→迭代升级→淘汰 / 投放，这一切动作完全得益于 Supercell 强大的中台支撑。

我们仔细研究 Supercell 旗下的游戏后不难发现，在这些游戏中支付网关、物理算法引擎等模块都是高度统一的。

所以 Supercell 已经将游戏开发过程中所用到的通用性游戏素材、引擎、人物模型全部集成到一个通用的软件开发工具包（SDK）内，同时开发出了很多游戏生成工具和代码框架，构建了一个由中台封装底层支持单元的业务生产架构，如图 3-2 所示。

图 3-2　Supercell 的业务生产架构

有了中台，Supercell 可以把这些内容作为工具提供给所有的小团队，这样在每个团队进行新项目启动时，不再需要一切从零开始建设而是以积木搭建方式完成 1.0 版本的开发。

正是有了这样的中台支撑，Supercell 的每一个"细胞"才可以非常灵活地运作，同时 Supercell 才可以支撑多个开发团队在同一时间并行去开发多款新的游戏，并将游戏投放市场去进行商业验证。

3.3.2 国内中台先驱者：阿里巴巴集团"小前台+大中台"

其实在参观 Supercell 前，那时的阿里巴巴集团内部就已经开始着手筹划一次"蜕变"，其目的就是整合集团内部产品研发和数据汇聚的能力，从而让阿里巴巴集团拥有快速创新的能力。而参访这家特殊的企业后，阿里人惊奇地发现 Supercell 内部运营模式和当时阿里巴巴集团正在规划的战略不谋而合。也许正是此次拜访让阿里巴巴集团正式将中台架构这件事的重要性上升到集团的高度上来。

在 2008 年年初阿里巴巴集团成立了天猫事业部，没过多久天猫事业部在业务量上就与原有的淘宝网事业部不相上下了，而此时负责天猫研发的却还是淘宝网的技术团队。为了满足日益增长的两个巨头业务方的需求，在 2009 年一个名叫共享业务事业部的新部门便应运而生。听这个名字，大家应该就能猜到这是一个专门负责维护相同业务研发的部门，而集团成立该部门的目的就是把淘宝网和天猫两个平台中高度重合的共用业务模块都交给这个团队进行统一维护，来提升企业内部效率。就是这个想法逐渐在阿里巴巴集团内部发展成了阿里中台的雏形。

随后在 2010 年诞生的聚划算业务，也被集团要求必须通过共享业务事业部接入阿里巴巴集团底层服务，因此可以说，此时的共享业务事业部从某种意义上已经让中台在阿里巴巴集团内部由雏形变成可以在整个集团内推广的通用方案。

而到了 2015 年 12 月，阿里巴巴集团正式对外宣布新一轮组织升级，终于"中台"概念由阿里巴巴集团内部走向了大众的视野，阿里巴巴集团宣布内部形成"小前台+大中台"的架构。

这里所谓的"大中台"就是将提供统一服务的部门做大做强，让其负责更多的公共服务研发；而"小前台"就是让业务部门少研发，将技术团队变小，从而让更多的需求由中台去完成。这样就能在中台完成之后，将成果快速地共享给其他部门使用，从而实现一处研发、多处使用的高效研发目的。

我们可以用一个很形象的组织结构示例图来说明改革后的组织架构，如图 3-3 所示。

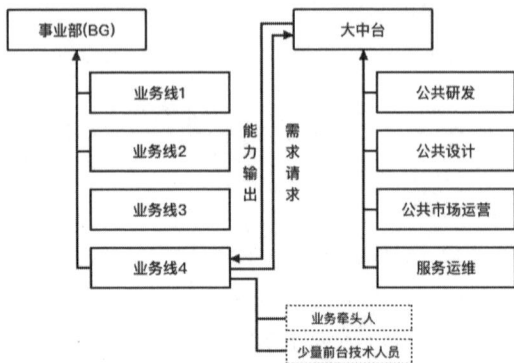

图 3-3　阿里巴巴集团"小前台+大中台"架构下的组织新形式

其本质上也就是将更多的资源变为公共的，当某个业务部门有新的想法需要去尝试时，完全可以在前台由一到两个人牵头，对于剩下的支持则全部向后台请求，就完成了整个业务的快速组建。

阿里中台组织架构的确定也意味着阿里巴巴集团内部的业务支撑体系完成了对应的改造：整个架构以阿里云平台为技术中台，向上对共享业务事业部提供支撑，而再由共享业务事业部中的八大公用服务向前台业务提供统一的能力输出。

伴随着中台架构确立，在阿里巴巴集团内部对业务的二次梳理也展开了，电商中各业务线的边界是什么？每个业务领域中的基础服务是什么？各服务要如何高效相互调用？不同职能团队的职能又该如何定义？

对这些问题的解答也让阿里巴巴集团形成了一整套标准体系——业务能力标准、对象定义标准以及中台化后的企业内部管理和运营方法，从而支持前台业务快速、低成本地创新。

经过这样的磨合之后，得到了最终的阿里中台架构体系，如图 3-4 所示。

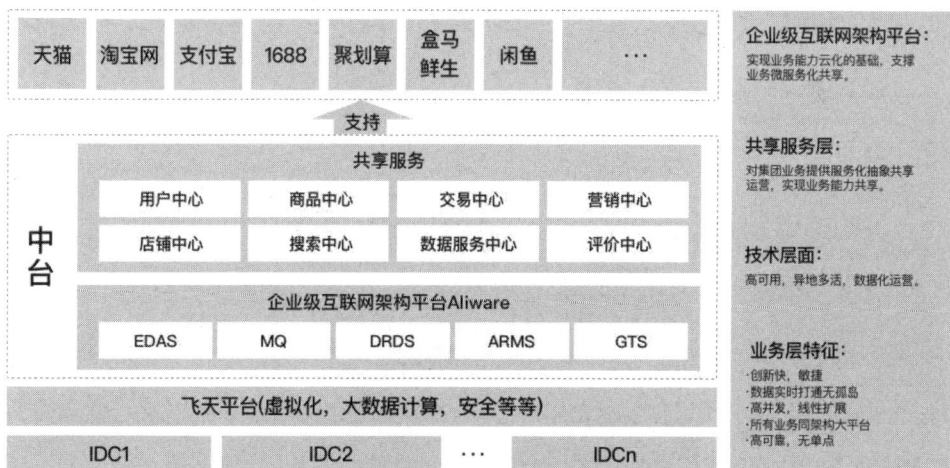

图 3-4　阿里中台架构体系（来源：2018 杭州·云栖大会）

这里整个体系共分为 3 层，自下而上依次为：

♫ 基础服务：也就是技术层面，以高可用、异地多活为特征。

♫ 阿里中台：通过将原各条业务线中相同的模块抽象后得出的共享业务服务能力。

♫ 业务应用：通过调用中台服务，快速组装成的具体应用软件，也就是终端用户真正使用的产品，如淘宝网、天猫 App、阿里巴巴 App 等。

我们最后来看看阿里巴巴集团的首席执行官（CEO）张勇自己是怎么看阿里巴

巴集团的中台建设的:

"什么叫中台? 为什么要有中台? 中台实际上是一个横向策略。如果你要快速, 你要灵动, 一定是这根杆子从上到下都是一个人负责的, 这是最快的。

"但是杆子太多了, 这个问题来了——大量重复建设、大量重复劳动造成了效率低下。所谓中台战略, 就是我们希望建设统一的技术架构、产品支撑体系、安全体系、服务体系, 能够支撑上面多种多样的业务。

"而这里要把握一个度——你怎么样真正让这个中台能够横向服务好每个业务, 而不是变成一个障碍性的枢纽, 这是最难的。"

——《湖畔大学最新讲课实录——企业一号位不可推卸的两大责任》, 张勇, 阿里巴巴集团

对于国内最早推行中台化战略的企业阿里巴巴集团, 从上面这段话里我们能很直观地识别出它对中台价值的定义, 就是为企业提高生产效率。

我们再来看一些阿里巴巴集团内部产品孵化的数字, 大家感受下中台的威力: 阿里巴巴集团内部某个中型大小的事业部曾在一年之中立项研发了将近百款产品, 其中顺利上线的只有十几款, 而被大众所认知的仅有个位数的几款产品。

大家可以设想下, 要在一年中这么高效地进行项目孵化与尝试, 如果没有中台的支撑, 每个项目都从零开始建设, 这将耗费多少的人力物力成本?

3.3.3　另一个巨头: 腾讯的中台化历程

说起腾讯中台, 我们就不得不谈起腾讯组织架构的3次变化。具体来说, 腾讯的架构在创业初期为职能式架构, 经历了事业部制改建后转换为了七大事业群, 后来又变成了六大事业群与技术委员会的新组织架构形式。

我们总结一下各个时间点的腾讯组织架构变化情况，如图 3-5 所示。

图 3-5　腾讯组织架构调整

而最值得我们关注的就是 2018 年的腾讯组织架构变化情况，它为我们掀开了腾讯内部中台的神秘面纱，我们来具体看一下腾讯"中台"组织架构，如图 3-6 所示。

图 3-6　腾讯"中台"组织架构

在这里我们发现相较于之前的七大事业群，腾讯在本次调整中取消了一个事业群，并成立了一个叫作技术委员会的组织，而实际上这里的技术委员会就可以被看作"腾讯的中台"。

仔细研读不难发现，腾讯这次组织架构变革后的新战略架构与阿里巴巴集团的大中台战略非常相似，我们可以用一张图（见图 3-7）来对比一下腾讯的中台战略与阿里巴巴集团的中台战略，可以很明显地发现这两者的相似之处。

图 3-7　腾讯与阿里巴巴集团的中台战略对比

也就是说，这里的技术委员会的主要职责是帮助腾讯内部的事业部实现更多的协作与创新，并且通过整合内部资源来赋能前台业务，让业务前台的开发变得更便捷、高效。

我们再以 2019 腾讯全球数字生态大会上对外公开展示的中台架构来解读腾讯对中台战略的理解。我们知道腾讯已通过组织架构调整的方式将整个集团的业务发展方向锁定到了 B 端市场上，希望通过为 B 端企业提供服务来在互联网下半场的浪潮中找到一个新业务增长点。

因此，腾讯的动作便是通过建设开放中心从而服务众多细分领域的中小型企业，让腾讯自身成为这些企业的业务承接平台，以此通过先服务 B 端客户再间接获得 C 端用户。这一战略是极其高明的。通过这样的业务布局，面对一个细分赛道众多的碎片化市场时，腾讯只需要做好对碎片化市场中的企业的服务——这一相对标准化的市场服务，而由这些平台上的企业去进行细分市场的占领。腾讯自身就像一根主动脉血管一样不断向周边的毛细血管输送养料，从而实现间接触达整个市场终端用户的目标。

而要达成这一目的就要使得腾讯能将自身的内部能力向外输出，因此腾讯在内部通过成立技术委员会进行"开源协同"和"自研上云"这两大动作，来推动公司技术的整合。

而腾讯内部的高层也曾直言，这次整合为整个腾讯带来的最大好处就是各业务线技术的标准化，让各条业务线的技术选型来源相同、技术使用标准相同，从而为腾讯技术能力输出打下了坚实的基础。

所以通过中台的统一化管理，腾讯能够快速将自身多年的发展中所积累下的经验与解决方案向外输出。从这次大会我们也可以看到，腾讯开放的中台能力包括数据中台和技术中台两部分：

  ♫ 数据中台分为用户中心、内容中心、应用中心。

  ♫ 技术中台分为通信中心、AI 中心、安全中心。

我们相信，对于腾讯如此有雄心的业务战略，腾讯的技术委员会注定将在这其中发挥无可替代的作用。

3.4 中台产品的发展与演进

看完了几个互联网巨头的中台发展历程，我们再来梳理下"中台"这一概念走过的发展路程。中台发展到今天，实际上其产品演化已经经历了 3 个阶段，如图 3-8 所示。

图 3-8 中台产品发展阶段

（1）第一个阶段：共享代码平台

这一阶段出现在"中台"概念还未兴起的初期。各大互联网公司在经过一段时间的发展后，发现很多项目都有一定重复的部分，比如绝大多数产品都有登录注册功能、线上支付功能，所以为了方便就将以往的模块进行了公用，如设立公共的代码库，从而让各条业务线的开发人员在开发公用模块时可以直接使用公共代码库中的代码。

（2）第二个阶段：共享服务平台

在共享代码一段时间后，企业发现仅仅将代码进行复用还是不能大幅度地提高开发效率，因为面对不同业务时还需要将代码剥离原有业务、进行二次修改并重新调试，这一来一回使迭代时间的提升非常有限。因此企业开始尝试将一些与业务耦合度低的基础服务（如消息推送、人机识别等）单独进行开发维护，让后面的产品线可以直接使用这些公共模块。这些由基础服务组成的集合构成了中台雏形。

企业内部原来的开发模式也发生了如下的变化：

- A 项目迭代时需要开发：A 业务模块 1+A 业务模块 2+A 消息推送+A 人机识别。
- A 项目抽离模块：A 业务模块 1+A 业务模块 2+统一消息推送+统一人机识别。
- B 项目启动时需要开发：B 业务模块 1+B 业务模块 2+统一模块接入。

大家可以看到，在做 B 项目的时候，每个单独项目组维护的模块由 4 个变为 2个，在模块开发量上就减少了将近 50%的工作量。

（3）第三个阶段：共享能力平台

这个阶段也就是当下中台所发展到的阶段。在这个阶段里，最显著的特点便是将服务共享变为能力的公用，并将各业务数据进行了汇总。

在第二个阶段我们也看到了，企业之所以维护基础服务，是因为这里的耦合度最低。当其他业务需要调用时我们不需要做过多的修改就可以直接利用，从而最大化地发挥了共享的作用。而随着这种方式的发展，大家开始思考是否也有办法将以往业务中的代码抽象、封装起来让别的终端使用。经过探索发现，可以以能力的形式，也就是将一个业务中的各个模块抽象为能力，将其提供给其他业务方。

这样的好处是可以使公司中核心技术力量所设计实现的模块在公司各条业务线中得以应用，从而保证公司各条业务线中核心部分的体验能高度统一。这种方式也就实现了在业务相关性高的部分可以进行快速的复用。同时，我们可以将这种业务相关性高的部分在业务场景中的数据进行汇总，形成企业的统一的数据资源。

3.5 中台产品的正确分类

随着中台理论的发展，一时间市场充满了各种中台划分方式，如移动端中台、前端中台、数据中台、研发中台、组织中台、算法中台、应用中台，让人感觉似乎万物皆可"中台"。但是在真正从事中台体系搭建的人的眼中，"中台"一词在这些分类中已经彻彻底底地被滥用了，这些分类要么过度重复拆分，要么拆分得颗粒度太细。而之所以会产生这些错误的定义，在我看来，这一切其实是因为对企业运作模式不熟悉而产生的误解。

那么正确的中台分类是什么呢？大家还记得在这之前我曾提出中台的核心本质就是向前台业务提供服务共享，也就是说中台其实是一个解决互联网企业内部运作问题的工具，因此中台的定义应该与企业的定义高度协调。而在经济学原理中一家企业的生命活动其实只有 3 个：

企业生命活动 = 经营 + 投资 + 融资

让我们把企业生命活动再细化下，就可以拆分出如表 3-2 所示的这些环节。

表 3-2　企业生命活动细分

序　号	环　节	达　成　目　标
1	采购原料	公司内部完成产品制造
2	产品制造	
3	客户发掘	公司对外的业务对接
4	销售产品	
5	账单管理（成本+销售）	整个经营中的数据运营

通过这张表，我们就可以将经营活动按照达成目标归类为 3 个部分，分别是对内运作、对外运作与运营管理。所以正确的划分方式应该是将中台按照企业的经营活动划分成如图 3-9 所示的三类。

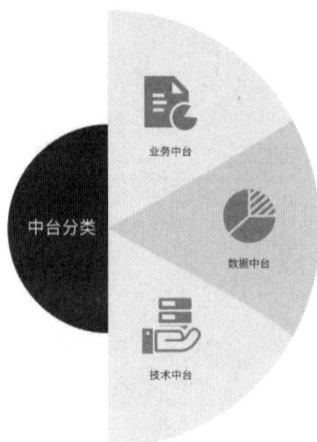

图 3-9　中台分类

（1）技术中台

技术中台可以理解为随着代码平台化架构发展而演化出的产物。技术中台除了会负责公司内部的一些基础组件的生产研发，其与平台化最大的不同就是会负责将企业内部各个成熟的功能模块代码进行封装，产出通用的技术工具以方便不同业务线直接调用，如视频压缩 SDK、IM（即时通信）SDK 等。如果我们用一句话来概括，技术中台就是在进行生产工具的研发。

以制造一辆汽车为例，技术中台可以被理解为生产线上的各个机床，是一个生产工具，可以将后台通过原料生产出的可用业务耗材，如钢材、橡胶、玻璃等，生产成车门门框、座椅、轮毂、轮胎等通用中间件。

（2）业务中台

业务中台负责为公司的用户需求提供基础材料解决方案。业务中台从全局的高度出发，结合公司发展战略，有针对性地承接各条业务线的公用支撑服务，并根据不同业务场景下的需求，将已经"跑"通的前台业务流程封装成可直接使用的"半成品"。例如，搭建整个公司可以用的会员中心、订单中心等。

继续以汽车制造为例，业务中台相当于半成品生产线，通过将多个机床打包组成一条生产线，同时可以根据需要，将不同的零件拼成不同的半成品，如将车门门框加上侧窗组成车门。各个前台部门（如轿车组、SUV［运动型多用途汽车］组等）只需根据自己的需要，选择对应组件，拼装出整车，刷上油漆，印上自己的品牌标识，就完成了一辆车的生产。

（3）数据中台

数据中台帮助企业进行业务全生命周期中的数据管理，监测产品在各个状态下运行产生的数据，从而赋予一家公司数字化运营能力。更重要的是，可以打破业务线的间隔，将不同业务线产生的用户数据汇聚至中台，形成"超级大脑"以进行决策。

在生产汽车流程中，作为企业负责人的我们需要去关注铁矿石采购量、花费金额、钢材生产量、转化率、车门门框成品率、各条产品线产量、库存量、最终销量等这一系列从生产到销售的数据指标，而数据中台就是将这一切汇总并显示的产物。

本章总结

知识点 1：中台与产品微服务、SaaS 不是相同的概念

产品微服务是一个技术手段，通过对业务进行分割，使原本混杂在一起的业务代码被划分为多个子模块并独立运行。产品微服务相对于中台来讲只是中台的实现手段之一，而不是中台的全部。

SaaS 是为外部客户提供的具体终端服务，中台只服务于企业内部开发人员而不提供具体的终端服务。

知识点 2：两种企业更需要中台

中台更适合两类企业使用：1. 公司内部有多条产品线；2. 公司做相似行业的外包项目。

知识点 3：中台产品 3 个发展阶段

中台发展至今，其产品演进已经走过了 3 个阶段，分别是共享代码平台、共享服务平台、共享能力平台。

知识点 4：中台可以分为三大类

按照企业的经营活动可以将中台划分为技术中台、业务中台、数据中台 3 个类别。

第 4 章

C 端与 B 端各需要什么样的中台

由于成本和效率的因素，当商品储存、流通、展示的场地和渠道足够宽广，商品生产成本急剧下降以至于个人都可以进行生产，并且商品的销售成本急剧降低时，几乎任何以前看似需求极低的产品，只要有卖，都会有人买。这些需求和销量不高的产品所占据的共同市场份额，可以和主流产品的市场份额相当，甚至更大。

——克里斯·安德森，《长尾理论》作者

4.1　互联网下半场的 C 端业务

现在当我们谈及互联网下半场的时候，讨论最多的都是我们应该如何去做好企业服务市场，而在前几年还被人们追捧的互联网"明星"——C 端消费市场一时间却门庭冷落了。本节我们就来看看在互联网下半场中，我们的消费市场究竟背后发生了什么，会让一众企业的战略方向出现这么大的变化。同时我们也来分析下出现这么大变动后 C 端业务市场需要什么样的一个中台。

4.1.1　互联网增长动力模型

既然要搞清楚发展变化，我们还是需要像学习市场发展一样先去了解互联网行业的一般性发展规律。

任何一个行业能不断发展，就是因为其背后拥有若干个关键驱动因素，而这些因素就被称为行业发展动力来源。聚焦到消费互联网产业，这些驱动因素可以总结为 4 个大类，分别是投资人、网民数、科技发展和宏观背景，如图 4-1 所示。

图 4-1 消费互联网驱动因素模型

让我们对这些因素逐个分析。

第一个因素：投资人。一个产业的发展除了与产业内部的"自身造血"有关，产业外部的资金注入也是产业发展的一个非常重要的因素。大家可以回想一下，互联网产业发展中间有过很多次在商业教科书上被称之为"疯狂"的现象级事件：

♫ 事件 1：团购业务发起的以低于成本价去团购的"千团"大战。

♫ 事件 2：打车软件方发起的免费打车等市场争夺大战。

♫ 事件 3：共享单车行业发起的不仅免费骑车还有红包派送的活动。

这些完全违背了现有的商业模式，而这种畸形发展方式的导火索就是外部资本，也就是说投资人在进行推波助澜，因此投资人是直接改变一个行业的很大的因素。

第二个因素：网民数。网民数也被称为互联网的用户数。众所周知，一个产业的发展，其核心目的就是服务用户。因此产业发展的一般性规律就取决于用户数；只有用户多了，产业才可能发展得好。

在我们互联网产业里，曾经有两次大的用户数暴增浪潮。第一次是发生在 2000 年左右 PC 端用户的暴增浪潮。由于光纤的普及，大家可以体验高速的网上冲浪，也就演化出了各种新型的网站与 PC 端网络场景，而这场 PC 端的增长大概持续到 2009 年年初就趋于饱和，也是在那段时间我们发现很多企业开始逐渐停止增长。

但是在 2011 年前后，随着以 iPhone 为代表的智能手机时代来临，我们上网的方式由传统的只能在电脑前上网变成了随时随地都可以上网，上网用户的进入门槛也大大下降——由动辄花费上万元的电脑下降到一两千就能买得起的手机，并且手机带来了随时随地可以上网的场景，这些使得我们的网民数开始突飞猛进地增长。

那么随之而来的是我们的第二次互联网发展大浪潮——移动产业的飞速发展。大家可以回想一下，为什么从 2012 年开始很多企业主动要求进行移动端化？例如，原来企业的业务可能是一个网站，或者企业只存在于线下、采用传统的人工形式，而到了此时，无论是否曾经有互联网业务，公司都必须去做一个移动端，其核心目的就是去抢占比 PC 时代更多的用户以及用户时间。

第三个因素：科技发展。这个因素对于从事互联网的人来说应该是很好理解的，整个互联网产业其实是一个高科技的产业，只有科技发展才会有新的技术突破，才能去促进这个行业进行发展。

这里我们可以参考 Gartner 公司每年发布的新技术成熟度曲线——Gartner Hype Cycle（以下简称"Gartner 曲线"）。Gartner 公司成立于 1979 年，它是全球知名的 IT 市场研究与咨询公司，而它发布的 Gartner 曲线是一条描述新技术产生后人们对其的预期随时间变化的曲线，通过这条曲线能很直观地看出整个市场对于该技术的关注热度变化趋势，以及该技术在某时间点的实际发展情况。在图 4-2 中我摘取了 5G 技术在 2019 年的 Gartner 曲线中的具体情况。

我们可以看到，5G 在图中被该机构预测还需要 2 到 5 年才能真正成熟。

第四个因素：宏观背景。这个其实整体上来说一方面是经济，一方面是政策。凡是政策指导的，或者说政策支持的，都是一个行业发展的非常重要的原因。

那么以上四者就是消费互联网产业发展的重要驱动因素。

Gartner Hype Cycle

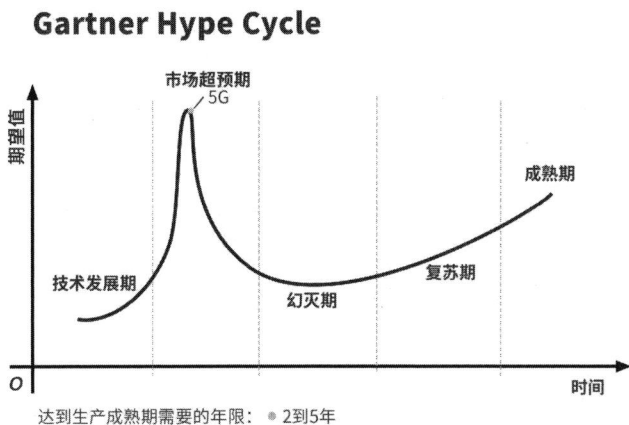

图 4-2　Gartner 曲线 5G 示意图

　　在了解完这个模型后，我们再将上半场也就是消费互联网发展的趋势带入其中。我们可以明显地看到，第三个因素和第四个因素在上下半场中几乎没有发生太大的变化：政策依旧是向互联网产业倾斜的，国家鼓励大力发展互联网产业；科技发展也依旧处于缓慢攀登的过程中，并没有出现什么划时代的新技术。但是整个消费互联网市场依旧出现了发展增速的衰退，原因就只能是其他两个驱动因素出现了问题，即资本减少与互联网新生用户量的增速放缓。

　　那么对于各个企业主来说，这个行业现状其实就给出了一道很有挑战性的题目：在我们的产品新增用户数开始趋近停止增长的背景下，以往那种不按正常商业逻辑进行运作的发展模式已经走到头了，此时最重要的任务就是在最短的时间内设计一整套低耗高产的解决方案，来保证企业能应对日渐严酷的市场，可以说这就是消费互联网企业所应对的最大挑战。不管你是否心存怀疑，这确实就是现在众多创业公司所面对的现实窘境。

4.1.2　流量红利衰退后的新发展趋势

　　在我们已经了解当下消费互联网正处于一个流量增速衰退的局面之后，我们必须来看看各大互联网巨头是如何应对新时期消费互联网的。总的看来，目前企业应对策略可以分为以下两个方向。

（1）精细化运营

2004 年，当克里斯•安德森首次提出长尾理论后，恐怕自己也没有想到自己的长尾理论会成为互联网变革后消费业务的新核心增长点。

以往由于不断有新的流量进入平台，各个企业对用户留存的重视度并没有达到企业业务发展的最高优先级。大家所聚焦的都是如何不断扩大自身市场份额，是一种"跑马圈地式"的发展。对于用户声音，我们并不是全部接纳，而是挑出其中共性去采纳。而对于对同一功能有特殊要求的用户，我们在大多数情况下选择了忽略，哪怕用户流失我们都毫不在意。**毫不夸张地说，在这一发展时期，是我们对用户在进行反向筛选。**

这种现象在业内并不是个例，我们可以来看一下被视为经典的留存率规则——留存率的"40–20–10"规则。这一规则最早是由 Facebook 内部游戏研发团队提出的，规则中的数字是一个判断新项目是否可以存活下去的指标——留存率最低指标，也就是"如果你想让游戏的日活跃用户（DAU，以下简称"日活"）的数量超过100 万人，那么新用户次日留存率应该大于 40%，7 天留存率和 30 天留存率分别大于 20% 和 10%"。

大家可以看看这个规则，每个新游戏项目最多有 60% 的用户被我们抛弃了。仔细想，出现这种现象的原因其实很简单，当互联网用户数处于高速增长的状态时，整个行业都还未饱和，此时拉新成本是极低的。这个时候我们为了获取新用户而去研发功能的成本小于为了留存用户而去研发功能的成本。

举个例子来说，在早期社交市场还没有竞争很激烈的时候，此时的社交软件增加一个视频功能就能获得很多不喜欢打字的新用户，再对比为了提高留存率而给老用户开发语音转文字的体验功能，决策时从成本上计算明显是前者大于后者。但是由于互联网用户增速处于一个高增长态势，此时新功能获取的新用户的数量是远远大于流失用户的，最后我们还是选择并做了视频功能。

但是随着互联网用户数的减少，获取一个新用户的成本开始陡增，各大企业便开始更为注重自己的用户留存问题。因此整个行业便兴起了精细化运营概念，这样的目的也很明确，就是要将以往没有满足其需求而流失的用户重新获取回来，去对这些曾经被我们视为小众群体的用户群发力。此时企业愿意为这些不同类型、不同偏好的用户去设计对应的功能，甚至会将以往非常小众的群体的需求也一并满足。在产品规划战略上就是将以往标准化的功能按不同的用户层进行单独设计，通过发展多样化的展现方式去获得这些互联网长尾流量。"长尾理论"模型如图 4-3 所示。

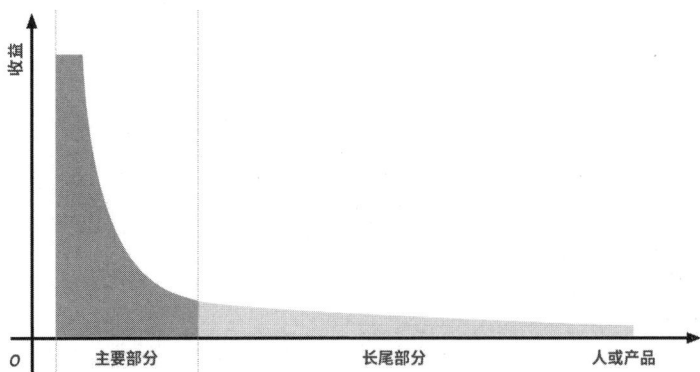

图 4-3   "长尾理论"模型

这里最形象的例子就莫过于登录模块的发展历程了。登录功能最开始出现时只使用了账户密码这一种模式，接下来又推出了验证码登录模式，而就是在这里新模式的出现让用户的声音出现了分歧，开始有用户想用账户密码模式，也有用户想用验证码登录、指纹登录、微信第三方登录、QQ 第三方登录、支付宝第三方登录等模式。而入口端功能本身更带有拉新属性，因此各大企业将用户意见悉数保留，这也是为什么大家看到登录界面变得越来越"花哨"，如图 4-4 所示。

以往企业决策者面对存在用户分歧的功能设计时，会使用 A/B 测试进行验证，选择结果中"呼声"更高的去执行。这里我们不妨大胆预测：在互联网下半场时代，这种局面在精细化运营后可能变成两种选项皆保留的局面。

图4-4　登录方式多样化

（2）以创新驱动业务

坦白地说，当下 C 端业务已进入一个存量的时代。各家业务的竞争焦点不再是新加入互联网的用户群体，此时的竞争已经转变为去抢夺竞争对手的用户。例如，一个新闻阅读用户在某一时间段选择了 A 头条去看新闻，此时作为竞争对手的 B 头条自然就少了一个用户。而在以往，面对这种用户量减少的情况，企业还能通过将新入网的用户引入自己的产品来弥补自己产品竞争力不足的缺陷。但随着互联网人口增量的减少，这种路子也行不通了，整个 C 端市场变成了标准的**零和博弈**。

在存量市场，能让企业活下去的唯一方法正是创新，也就是不断给用户带来新的产品体验从而让用户留存到我们自己的平台。可以说，在这个时候，谁发展得慢、没有及时跟上市场，谁面临的就是被市场淘汰。而如果想在如此竞争激烈的市场中站稳脚跟，那么只有在行业中一方面稳定自己的用户，另一方面集中资源去进行业务创新，这就是当前的新发展趋势。

在用户群体只能被勉强维持的状态下，也就是在企业收入可以精准地被预估出来的情况下，我们要如何保证低成本又高质量的创新呢？

像前文我们举出的 Supercell 的例子，如果一个企业想要保持持续的创新能力，那么一方面它自身内部需要有能力快速应对市场需求并提出解决方案，另一方面要能保证用于创新的成本为最低。只有这样才能以最快的速度和最小的代价去验证市场，找出市场中这些小众群体真正需要的产品。

所以对于此时消费市场中的企业来说，中台建设这一主题在现阶段就变得至关重要了。总结下来，C 端市场的中台建设目标：为支持不同偏好的细分用户群体业务提供统一支持；为快速创新、高频试错提供基础服务。

梳理完了 C 端市场的变化与对中台的需求，我们接下来去看看它的兄弟——B 端市场的发展与对中台的需求是什么。

4.2　B 端业务复杂多变的共性

在前面的章节我已经向大家仔细剖析了产业互联网需求是复杂并难以统一的，而且每一家企业都有自己的个性化需求。那么这种市场情况背后是否有什么不变的东西存在，而它能帮助我们在搭建软件系统的体系结构时去找到一些思考的"抓手"？

当我们去回顾前面所提到的 B 端业务的 3 个新业务模式特征时，不难发现所有企业的决策人在最终决定是否要采购系统时其根本目**都是帮助企业更好地经营自己的业务，从而帮助企业创造价值**。

这里的价值不仅仅是资金收益，具体来说我们可以细分出 3 个维度的价值。

维度一：为企业直接创造收益。例如，传统制造业中的很多公司自身没有线上平台而无法在网上实现交易，也就是说企业的商品销售渠道都是基于传统的线下经销商体系的。那么我们通过为企业打造线上商城就能让企业在线上出售自己的商品，从而为企业带来新的收益。

维度二：提高企业内部运营的效率。就像在前面章节中所举的例子，我们通过为企业打造线上的审批系统，让原本只能在线下特定条件进行的审批变为随时随地都可以进行，从而让企业内部信息流转更为便捷且更具时效性，提升了企业整体的运营效率。

维度三：帮助企业更好地完成信息传播。以往企业想要对外宣传自己的产品或者企业的品牌就只能通过购买线下传统媒体的广告来实现，而现在通过互联网可以利用更为广泛的触达用户的方式去传播这些信息。

我们再往深的去思考，任意一家企业通过生产经营来获得价值的过程，实际上就是对 5 个关键要素进行整合而产生价值的过程，企业五要素如图 4-5 所示。

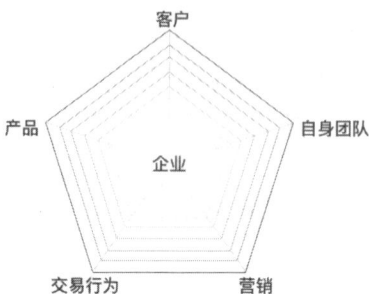

图 4-5　企业五要素

举几个例子来看看：

- *客户与交易行为的创新*。例如互联网免费模式，就是我们将产品免费教给用户使用，再通过向第三方出售广告和用户，最终利用数据进行变现。

- *客户与营销的联系*。例如，我们从直接向用户宣传产品的优势变为主动制造话题热点来引爆病毒式传销。

也就是说，一家企业的基本运作逻辑就是不断处理这五者之间的关系，也正是因为如此，B 端客户业务才会"千人千面"。因为每一家公司内部的客户、产品、营销、自身团队、交易行为这 5 个要素的组成都是不一样的，所以每一家企业的运作逻辑是独特的。

因此我们就发现企业核心的共性就是这 5 个要素。所以我们在设计系统的时候就应该从这五要素出发，帮企业更好地梳理企业自身与这些要素的关系来帮助企业完成价值创造。

4.2.1　B 端产品商业化中的两个误区

在搞清楚了 B 端产品的设计参考共性是这 5 个要素后，接下来我们就要看看如何去衡量一款 B 端产品是否成功。首先要避免的是市场中常见的以下两个衡量误区。

（1）唯日活论

B 端产品不是 C 端产品，这两者在本质上有着鲜明的区别：B 端的用户体量不会大。举个例子来说，曾经因为罗永浩"代言"而大火的社交软件子弹短信在上线 30 天后，用户总数近 750 万人，但是反观 B 端的龙头企业级日常协作 SaaS，在运作了 4 年后，才宣称企业组织用户数达到 1000 万个。B 端产品与 C 端产品在用户增速、用户体量上的差异，一眼就能看出来。

但是这就说明子弹短信胜出吗？我并不这样认为，B 端产品由于用户多是企业用户，相对于 C 端产品天然性地有更高的用户付费能力与意愿，产品的变现速度更快，开发的回本周期更短。

那么这个时候唯日活论——一味追求 B 端产品的日活就是毫无意义的。B 端产品真正应该追求的是高净值客户而不是用户数量。

（2）虚荣指标

再让我们来看看另一个误区。我们知道任何一款产品的核心目标就是盈利，而且最好是持续盈利。我们所做的一切数据分析的核心就是监控产品核心指标，将数据进行可视化展示，为产品提供有价值的信息反馈，而所谓"有价值的信息反馈"指的是：

♬ 哪些指标可能影响产品发展与盈利。

♬ 哪些指标的改变可能让你的产品有更大的盈利。

如果指标的数据分析最终不能指导产品负责人或开发者如何让产品达成商业目标，在阿利斯泰尔·克罗尔的《精益数据分析》这一书中，这类指标被起了一个专门的称呼——"虚荣指标"，也就是说它只能用于满足产品设计者的虚荣却带不来实际价值。

上面介绍的日活在 B 端产品中其实就是一个虚荣指标，可能我们的 B 端产品用户量多但是没有带来任何盈利，这对于我们来说就是无用的，最多只是取得了心灵上的自我安慰。当然这个问题不仅仅涉及 B 端产品，C 端产品也存在同样的问题，在这儿我们先暂且不提。

4.2.2　B 端产品的唯一评价指标

因此对于 B 端产品来说，正确衡量产品好坏应该从营业收入、利润、ROI 这几个方面入手，而这其中最重要的指标就是 ROI。

所谓ROI，直接翻译过来就是投资回报率，指通过投资而获得的价值，即企业从一项投资活动中得到的经济回报。对应这里，ROI 就是在衡量我们投入成本开发某个 B 端产品后能否卖出软件、获得收益，并且收益大于成本。

虽然这个名词早已在 C 端业务场景中出现了，但是在 B 端业务场景里我们将更重视对投资回报率的思考，为什么这么说呢？

这就和企业服务的产品销售方式密切相关。对于企业服务的软件推广，由于这类软件功能多、单价高，以往的线上推广模式将具有相当大的局限性，因为很难让用户在第一次不了解系统的情况下对整个系统能如何解决自身的企业问题建立起一个较直观的认知。而公司做决策不同于 C 端用户冲动消费，一套软件系统动辄上万元，其收益能否覆盖成本是企业考量里非常重要一个因素，因此很多 SaaS 软件服务商还是依靠销售人员进行面对面的推广，销售过程也就是如图 4-6 所示的流程。

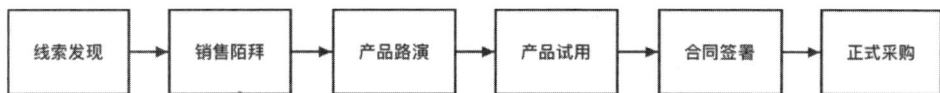

图 4-6 B 端系统的一般销售流程

在这种面对面沟通的销售模式中，由于是与人打交道，客户在很大程度上可能对系统中某些环节要求一部分的定制化修改。因此行业默认规则是软件服务商会根据客户需求适当地对系统进行修改。

不过这也造成一个现象：系统的每一个功能有很大的概率将只适用于当前的企业，而没有办法复制到其他企业。因此我们需要对每个企业的个性化需求进行严格的成本控制。但是对于如何把握定制化部分的度，我们就需要严格以 ROI 为导向。

但是这绝不意味着因为要控制成本就开始一味拒绝用户的需求，从理论上来说关于 B 端产品的终极目标是要做成能提供定制化服务的产品。

什么是定制化服务呢？既然是 B 端服务，那么每一家企业用户都是独立的，所以每一个用户都应该有个性化配置软件的权利，这就是定制化服务。

而我们要做的就是全力去实现每一个商家的独立需求与个性化部分，而不应该像 C 端产品一样去规定用户应该怎么做才能完成目标。

也就是说，在成本可控的情况下，每一个功能都应该变得可配置。例如，有的客户想把按钮叫作"确定"，还有的客户想把按钮命名为"同意"，我们都应该去满足客户。

而目前很多服务于 B 端商户的产品之所以卖不出去，就是因为企业还是以一种 C 端市场的方法去设计产品，并强迫商户根据其定好的路径去使用产品，那么商户凭什么要使用与自己工作流程差异巨大的产品呢？

所以，面对 B 端客户时，对每一家的需求都应该去满足。我们要去定制化开发，只是在开发中要控制好每个开发功能的投入成本，力保每个新定制化的功能都能吸引客户并完成最终购买决策。

综上我们得出的一个结论：在做 B 端产品设计的时候我们应该掌握的是用户的思考模式，就是采用 **ROI 思考导向法**。

4.2.3　高昂的 B 端产品 MVP 尝试

在我们确定了根据 ROI 导向的思维模式去开发和推广市场后，新的问题出来了。有很多时候我们无法保证这个功能能否完全适配用户的需求，特别是在我们刚刚进入本市场并且对这个行业中用户的五要素配比关系的理解还不是很透彻的时候。在应对这样的一个 B 端市场时，我们要想以提供作为解决方案的服务去建立起属于自己的用户群，唯一的方法就是通过不断尝试找到每个类型的企业的偏好。而这里按照惯例，我们的核心试错方法是 **MVP 模式**。

什么是 MVP 模式呢？MVP（Minimum Viable Product）又称最小化可行产品。MVP 的概念最早是由埃里克·莱斯在《精益创业》一书里提出的，书中提到团队通过将一个最小的可行性产品投放到市场上来观察用户的反馈，并在这个最小化可行产品的原型上持续快速迭代，直到产品到达一个市场接受的阶段。MVP 模式被我们总结来说就是低成本快速试错。

例如，我们开发的供商家入驻的开放平台在近期出现了退单率大范围上升的情况，此时我们猜测大范围退单的背后是不是用户在下单前仅依靠商家的宣传介绍与评论这两类被动信息导致对商品信息了解不够充分或者理解有偏差。为了解决这一问题，我们试图规划一个用户之间可以直接讨论的"问大家"功能，但是又无法确定它能否真正解决退单率上升的问题，此时最好的办法就是先去尝试，因此需要开发一个 MVP 来进行验证。正常来说，这个功能至少包含表 4-1 中的模块。

表 4-1 开发模块人日图

开 发	商品页话题列表	话题主题发布	消 息 回 复	评 论	我的消息管理	个人中心评论
前端	1 日	1 日	1 日	1 日	2 日	2 日
后端	2 日	2 日	2 日	2 日	2 日	3 日
总人日	3 日	3 日	3 日	3 日	4 日	5 日

而在市场验证的探索阶段中，我们开发这个功能中关键的与必要的部分即可。在这里就对应的是"话题主题发布"与"消息回复"两个模块，选择这两个模块其实就能让这个功能的基本流程运转起来，接下来就是快速开发，将本功能上线并推向市场，让用户来检验这个功能到底有没有作用。

在这个功能上线之后，我们可以监控数据平台来看退单率是否出现下降。如果下降，则证明这个功能有用，那么我们就可以继续去打磨、迭代这个功能，使它变得更好用。但是如果没有下降，那么就证明我们的猜想是错误的。我们通过上面也可以计算出来这两个模块仅仅用了 6 个人日，仅约占总人日的 28.6%。此时由于我们并没有将所有模块完全投入开发，我们可以选择放弃这个方向，去尝试新的解决方案。

所以我们在使用这样的开发模式去进行市场尝试的时候，也就不会给团队在成本上带来过大的损失。

但是不知道大家从上面的开发时间的数据中有没有注意到一些问题。我们来将上面的开发数据做一个简单的整理，如图4-7所示。

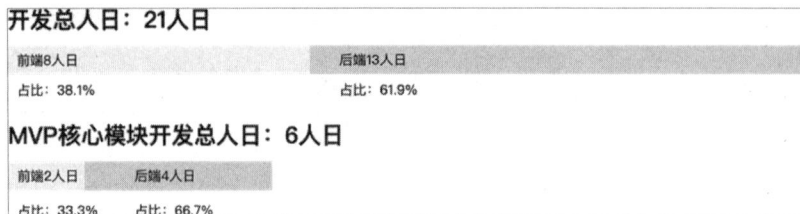

开发总人日：21人日	
前端8人日	后端13人日
占比：38.1%	占比：61.9%

MVP核心模块开发总人日：6人日	
前端2人日	后端4人日
占比：33.3%	占比：66.7%

图4-7　开发人日占比

通过这上面的数据我们可以看到，在开发总人日中，最耗费时间的部分在本功能的后端开发，后端开发人日占了总开发人日的61.9%。而在MVP核心模块开发总人日中，最耗费时间的部分也在本功能的后端开发，后端开发人日占了总开发人日的66.7%。

透过这两组数据我们不难得出一个很关键的结论：**在MVP开发过程中，MVP模式耗时的最大症结就在于后端开发时间过于冗长。**这个现象其实也容易理解，对于后端模块开发，我们不仅需要完成业务逻辑代码的编写，还需要去考虑如何存储数据、如何完成数据读取等一系列的数据结构化管理工作，所以难免耗时比较长。

在C端市场，我们利用MVP模式进行市场尝试，尝试成功之后将产品推广到全市场，依靠用户规模来拉低我们的试错成本。在B端软件开发过程中，这种模式似乎出现了一点问题。因为就算你完成了市场验证，证明了这个模块是适用于这类型企业的，但是同类型的企业量是相当少的。不同类型企业的五要素关系不同，企业的组织形态就会千差万别。

所以我们需要去更频繁地进行MVP尝试，但这大大提高了企业的试错成本。因此MVP模式这种在C端市场能为企业节省开发成本的方法，在B端市场却变得不怎么"省钱"了。

那么作为产品经理我们就要去反思，面对 B 端市场，有没有其他办法能去简化这一部分后台的开发用时，同时让整个试错版本的开发成本更低呢？这就是我们在 B 端业务发展过程中的重要诉求。

至此我们总结前面一章与本章，可以得出在当下节点 C 端业务与 B 端业务对中台各自期望的建设目标，如表 4-2 所示。

表 4-2　中台期望建设目标汇总

C 端中台建设目标	B 端中台建设目标
为支持不同偏好的细分用户群体业务提供统一支持	为定制化产品研发提供统一支持
为快速创新、高频试错提供基础服务	B 端业务的低成本快速试错

从第 5 章开始我们就来看看中台到底要如何帮企业去解决这些问题。

本章总结

知识点 1：互联网增长驱动四因素

- ♫ 投资人。

- ♫ 网民数。

- ♫ 科技发展。

- ♫ 宏观背景，即经济与政策。

知识点 2：互联网流量红利呈衰退趋势，人口增速放缓

行业挑战：当产品新增用户数呈现停止增长趋势，如何应对？

知识点 3：衰退后市场的 C 端业务发展应对策略

- ♫ 精细化运营——A/B 测试等方式优化现有模块的用户体验。

♫ 以创新驱动业务——存量市场零和博弈，要求市场能够快速对市场需求提供解决方案，并确保成本最小化。

知识点 4：互联网下半场 C 端市场中台建设目标

♫ 为支持不同偏好细分用户提供统一支持。

♫ 快速创新，为高频试错提供基础服务。

第三篇

实战：中台体系设计精髓

互联网产业只是一个信息传递工具，互联网经济是在以往时效性低的信息交互变为实时后新的人类生活方式再塑造，而中台就是帮助企业更好地去探索的最有力工具。

第 5 章

中台全局建设路径概览

在前面的章节中我们已经对上下半场的互联网市场现状与面临的问题有了足够的认识，可以说当下企业所面临的最大挑战就是要如何进行精细化运营与产品创新，而这两个问题归根到底是需要将以往的粗放式发展改为精细化发展，对不同的用户群予以不同的产品。我们要解决的问题站在生产端来说，就是需要快速根据不同的人群在原有基础上进行人群偏好适配。

相信大家看到上面这段话后，脑海中已经蹦出了一个模糊的想法：我们能不能利用中台去解决这样的生产需求？

答案是肯定的，中台的天生属性就是将企业的复用生产能力进行聚合，从而快速产出产品。在系统化地理解完中台的概念后，自本章我们就开始进入中台的建设讨论。

那么中台到底要怎么建？这里我就来为大家介绍一套通用的中台建设模型，很多我直接建设或参与咨询过的中台建设项目都验证了这套模型是非常有效的，且能帮助企业快速锁定中台建设的行进路线。

从建设周期来看，整个企业内部的中台化可以分为 3 个阶段：**市场宏观认知**（概括为 Market）→**企业标准化**（概括为 Standard）→**解决方案设计**（概括为 Solution）。所以这里我们也称之为**中台 MSS 建设模型**，如图 5-1 所示。

图 5-1　中台 MSS 建设模型

在中台 MSS 建设模型中，前两个阶段（"市场宏观认知"与"企业标准化"）其实是在帮助我们梳理企业内部脉络与明确整个中台的需求边界。大家也知道，中台其实是一个企业信息化建设的纲领，所以我们必须跳出单一产品线的视野，以全局视角对企业自身与外部市场做一次非常充分的调研，这样才能确定整个企业的系统建设未来会朝哪个方向发展。在完成整个调研后，我们就可以根据各条业务线的现状并结合企业自身需求去设计对应中台的具体解决方案：业务中台、数据中台、技术中台。

5.1　市场宏观认知

建设中台的第一个阶段就是调研，以此来搞清楚当前整个公司所经营的业务的背景。对此我们需要去调研整个市场发展的现状与整个市场中用户需求的变化情况。例如，一家经营视频业务的公司通过监控目标用户偏好变化，发现近几年来用户观看视频的使用习惯已经从 PC 端转移到了手机终端。此时作为这家公司的中台产品经理，我们是不是应该在对不同终端的功能进行中台化时有所取舍呢？

也就是说，我们需要找到企业现在与未来的核心方向，这个核心方向就是大家经常听到的"北极星指标"，也正是这个核心方向为我们奠定了整个企业的商业模式基础。

具体来说调研这个阶段，我们可以以公司为边界将研究内容划分为企业外部调研与企业内部调研。

Part 1 企业外部调研

> ♫ **行业研究**：（1）研究公司产品背后的细分行业现状是什么，公司整体业务在行业中所占地位，以及未来行业发展趋势是什么；（2）研究公司的目标市场是什么人群，基于什么场景，通过什么方式，解决什么问题。

这一步的目的就是让中台产品经理能了解业务背景，能站在企业主和业务方的高度了解整个业务的计划和规划，了解业务需求的演化逻辑以及是如何决定迭代内容的。

例如，美团为什么要推出美团打车？核心目的在于打车是其产品商业闭环的最后一步。大家试想几个场景：当我们饿了要找饭店吃饭时，在美团上找到饭店，吃饭后发现喝酒了，此时便顺手在美团上打个车；或者当我们订完酒店时顺便用美团打个车去酒店。这就将若干个业务串联起来了，让用户的整个过程需求有一个全流程的解决方案。因此我们必须从行业研究这个角度出发，只有这样才能理解业务的诞生，而一旦掌握了这样的思考路径，那我们就可以对企业下一步的业务规划与产品设计需求做出预判，从而提前丰富我们的中台的能力，方便对各条业务线形成支持。

Part 2 企业内部调研

♪ **商业模式**：调研企业是如何达成商业目标的。

♪ **用户研究**：汇总企业内部各业务线对中台的需求。

分析清楚商业模式是我们建设中台很重要的前提，商业模式可以帮助我们明确企业内部的整体业务目标。例如，一家小电商公司可能有电商平台业务线、商家开放平台业务线、仓储业务线等，而各条业务线自己内部的目标都不相同，有的追求平台的总交易额，有的追求平台中入驻商户的数量，有的追求同时处理订单与发货的笔数。但是本质上企业的整体目标是解决用户在线购物的需求并以此获得利润，而如何为这个需求提供更好的体验才应该是我们各条业务线的重要目标，因此我们在中台各版本的规划中必须优先从企业的商业目标出发去建设、汇总抽象能力，避免让中台沦为各条业务线的外援开发团队。

5.2 企业标准化

在企业标准化这个阶段中，我们需要对企业的各个业务执行环节进行程序化改造，将以往的混乱且松散的工作流程与口头交流反馈的模式进行梳理，从而权责清晰且每个执行环节都有可量化的指标，为中台的建设打下基础。

就拿我的经历来说，我接受过很多企业的中台建设咨询。这些企业给我的反馈里都提到，很多时候企业建设的中台根本不能达到原来设想的效果，往往在企业内部出现的现象是中台建设一套、业务线自己建设一套，中台反而成了一个没有实际服务对象的额外产物。

实际上这一切都是企业业务流程不标准导致的，很多时候前端业务线的工作本身就是非流程的，这里常见的就是一些公司中的运营岗与销售岗。

这里的"不标准"反映在很多工作中就是没有量化与标准的反馈记录。例如，销售拜访完客户，往往只简单反馈了最终结果，很多与客户访谈中的信息都丢失了，此时大家所有工作完全是按照速度优先的原则而进行。更有甚者在组织运营活动时，在成本统计流程中很多时候都不走系统，往往只在汇总时才手动形成一份成本开支报告并上传给领导。

在我走访了多家企业后发现，更可怕的是，这种没有业务标准化的现象广泛存在于现在的中小型企业中，这些企业的员工不仅没有享受到原来信息化系统应带来的对工作的帮助，反而让信息化系统成为业务部门的一个额外工作任务。所以中台建设的前提就是梳理好这些问题，改变系统与业务对立的现状，真正发挥系统的价值。

从这个意义上来说：中台的建设肯定会是互联网企业内部的一次管理升级。中台建设不仅仅是建设一套系统，更重要的是通过系统的建设完成了企业内部的自我升级！

接下来，我们要确定整个中台为企业将提供哪些服务，从而明确中台的需求边界。这一步也是非常重要的，不然很容易出现中台这一支小团队去承担全公司开发任务的"诡异局面"。大体上，需求可以划分为业务需求与数据需求两部分：

- **业务需求**。针对各个业务方提出的需求，中台产品经理要思考如何进行抽象与归类才能实现整体的业务目标，并以此得出统一的标准化能力，从而支撑若干个企业内部的业务方。
- **数据需求**。依托于用户产生的数据进行分析，从中提炼出用户的真实反馈，来帮助业务端优化产品和提供更好的体验。

5.3 解决方案设计

在最后一个阶段，我们就要根据前面两个阶段梳理出的需求来形成具体的中台设计方案，首先整个方案的核心是确定中台的以下两个关键模型：

- **模型 1：业务建模**。业务建模主要通过上一步梳理出的标准业务流程模板，将企业中的各系统、各功能的运行所需的支撑能力确定下来，初步梳理出整个企业的中台通用模型，产出中台的基本能力框架。
- **模型 2：特征列表**。面对不同业务线的个性需求，要建立起特征列表去收集，在这些特征中分析共性部分进行建设，从而让中台尽可能多地服务不同业务线。

具体建设思路拆分为这 5 步：

- **核心场景剥离**：将公司的整个业务进行分割，确定业务的核心场景与用户流程。
- **核心业务拆解**：对每条业务线进行拆解，得到每条业务线在核心场景中提供的服务与对应的功能模块。

- ♪ 模块组合打包：将各条业务线中相同类型的业务功能整理成一个功能合集。

- ♪ 基础服务确定：从核心业务流程向外剥离，将功能划分为基础服务与前台系统两部分，将中台与每个前台业务系统分割开。

- ♪ 中台能力输出：在确定好每个基础服务的边界后，我们需要对基础服务进行一些处理，以保证能力可以适配不同的业务前台需求，不会由于客户端不同导致前台业务无法使用，提升中台服务接入的兼容性与扩展性。

在完成这些工作后，我们就可以开始动手编写中台设计的方案了。我们可以根据企业的现状选择中台方案的范围——是只建设业务中台方便企业组织研发，还是建设数据中台帮助企业进行高效率的数据化运营。

不过我们需要注意的是，中台方案不是一次确定就不再改变的，中台方案是会不断迭代的。我们要不断根据企业当前的发展形势去动态调整，从而进入一个反馈循环，只有这样才能让中台真正为企业发展提供助力，中台的方案产生过程如图 5-2 所示。

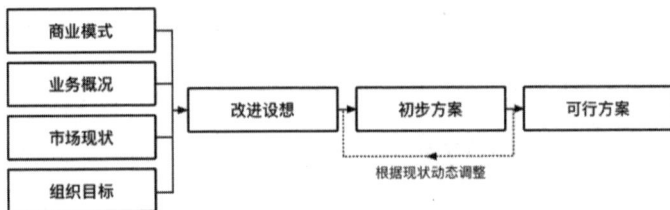

图 5-2　方案产生过程

在纵览了整个建设路径后，我们其实发现，看似神秘的中台在实际建设过程中也并不复杂。所以接下来就让我们一起来看看中台 MSS 建设模型里的每一个阶段具体要怎样落地。

本章总结

知识点 1：中台 MSS 建设模型

企业中台建设分为 3 个阶段，具体为：市场宏观认知（概括为 Market）→企业标准化（概括为 Standard）→解决方案设计（概括为 Solution）。

知识点 2：市场宏观认知

本阶段分为企业外部调研与企业内部调研两个部分，其中企业外部调研为行业研究，而企业内部调研主要分为商业模式与用户研究。

知识点 3：企业标准化

中台建设的必经阶段就是将企业内部的工作流程进行重新梳理，建立起标准化的工作流程。

知识点 4：解决方案设计

设计企业具体的中台方案，具体建设业务、数据、技术哪一类中台，需要根据企业不同的业务现状有针对性地选择。

第 6 章

宏观市场探查

知彼知己，百战不殆。

——孙子

对于一位中台的规划者而言，在中台建设中一个很重要的部分就是分析出公司未来发展的方向，并从现在的业务需要与未来的潜在方向这两者的诉求进行研发，只有这样才能让中台的能力建设发挥最大作用。而这一切都要建立在我们对市场已经有了宏观的认知之上。

因此在本章我就带大家进入中台 MSS 建设模型的第一个阶段——市场宏观认知，在这里我们学习要使用什么工具去把握企业自身与外部大环境的变化，同时这些内容也是我们在后面进行中台设计时评估建设优先级所不可或缺的前序知识。

让我们来一起看看企业现在是什么样，未来又会发展成什么样吧！

6.1 宏观市场分析

6.1.1 宏观市场定义

如果我们对"宏观市场分析"下一个简单定义，就是：**以一个企业所处的外部环境为研究对象，研究整个产业的变化对其中各个细分领域的企业会有哪些影响。**

这句话怎么理解呢？其实就是作为中台研究者，我们需要站到一个新高度来看一些外部事件会对我们的企业产生哪些影响。我们不能像负责单独产品线那样去进行市场上出现了哪些新的产品、竞争对手的产品又有了哪些新功能等这些只专注于产品设计层面的对比，而是要关注贸易战等外部事件对整个互联网产业会产生哪些影响。

因此，整个定义可以确定如下两个方向：

- **方向 1：分析公司当前业务的前景。** 大家都知道公司存在的意义其实就是创造利润，那么我们通过对市场的认知来分析当前业务的前景到底如何，是否继续受政策支持，能否继续增长，以此来帮助我们更好地进行相关决策。

- **方向 2：寻找下一个业务发展点。** 一家公司通过对市场的研究就会对自身未来的业务产生对应的预测结果，比如说当我们预测到了公司未来的业务会出现亏损乃至会被抛弃时，我们要如何去规避这个风险。

这里最常见的做法就是业务多元化。这也是为什么大家经常能见到很多互联网企业做到后面会拓展出很多衍生业务。

比如腾讯是做聊天软件起家的，后面却扩展至视频、新闻、游戏、电商等众多行业；又如做杀毒软件起家的 360 还去做了手机。

这一切其实都是企业为了规避单一业务的风险而主动将自己的业务进行多元化，同时也可以规避整个行业的系统性风险。

当然，如果用一句通俗的话来概况宏观市场分析，那就是：**我们要去研究未来企业如何发展才能赚钱，而在这些能赚钱的方向里，哪个又能赚大钱。**

这就是我们通过宏观市场分析需要建立起的市场宏观认知！

6.1.2 中台出发点

宏观市场分析除了能帮助企业确定发展方向，对中台产品经理进行中台建设也是不可或缺的一个环节。

宏观市场分析对我们的中台建设起到两个作用：

♪ 熟悉业务与行业基本玩法。市场分析能让我们在中台建设中保持对外部用户的敏感性，从而对整个业务建立起认识。例如，我们去做医药电商的中台产品经理，此时我们要思考企业应怎样完成电商的成交总额（GMV）指标。我们还能像以往的电商那样，去梳理爆款药品、向用户每天推送爆款药品活动、让用户购买时下最流行的药品吗？这显然是走不通的。所以面对医药行业的用户需求，我们要设计符合我们企业的中台流程。

♪ 预判企业下一步的业务发展方向。任何一家企业肯定是处在动态发展的过程中，而在中台建设过程中我们最担心出现的情况就是当我们将某部分功能变为企业级的通用模块后，企业业务却转型了，原先的模块不再需要了，这无疑是对中台研发资源的巨大浪费。所以中台产品经理必须通过一些方法去判断企业的业务方向，从而让中台建设可以有所侧重。

6.1.3　宏观市场分析通用框架

在介绍完分析的方向与出发点后，我们就可以正式踏入宏观市场分析的环节了。我们可以借鉴麦肯锡在企业咨询时使用的市场调查标准步骤来进行分析，具体的认知分析框架分为 4 步，如图 6-1 所示。

图 6-1　认知分析框架

认知分析框架的本质是让我们从宏观层面逐次拆解，自下而上研究新因素的出现会对目标行业中的最小组成单元——企业产生什么影响。

♪ 操作步骤：看趋势（宏观经济）→看产业（是否高增长）→诊行业（首次公开募股［IPO］/投融资+进入难度+发展阶段+国外趋势）→选价值

链（服务、研发、渠道）。

♫ 数据来源：国务院，国家统计局，证监会，一级市场投资事件，行业分析报告。

为了方便大家在分析时有所参考，这里我将各个步骤中的常用方法汇总了一下，形成如图 6-2 所示的市场认知分析地图。

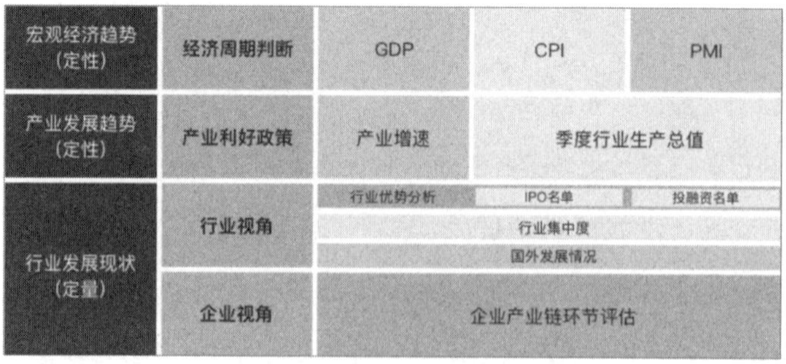

宏观经济趋势 （定性）	经济周期判断	GDP	CPI	PMI
产业发展趋势 （定性）	产业利好政策	产业增速	季度行业生产总值	
行业发展现状 （定量）	行业视角	行业优势分析　　　IPO名单　　　投融资名单 行业集中度 国外发展情况		
	企业视角	企业产业链环节评估		

图 6-2　市场认知分析地图

对市场认知分析地图里的前几个分析环节，我已经罗列了一些指标，大家在自己的宏观市场分析中可以直接参照图 6-2 中提供的指标。下面我来为大家重点谈谈企业产业链分析。

6.2　企业产业链分析

"产业链"这一概念最早是由美国哈佛大学商学院教授迈克尔·波特在 1985 年提出的。从抽象意义上来说，每一个企业其实都是采购、生产、市场、售后服务这几类活动的集合体，而随着产品复杂度逐渐加深，每个企业慢慢开始只去做自己所擅长的部分，一个用户最终拿到的产品从由一家企业独立完成变为由众多企业合作完成，而这种相互关联的企业生产经营活动构成了行业的价值动态体系，这就是产业链。

而我们分析的意义就是：因为企业的业务发展都是在产业链上下游进行的，所以搞懂产业链也就为我们预判企业业务发展方向打下了基础。

直接去研究一个行业的产业链对于我们来说可能有些难以把握，这里我建议大家可以从企业经营的业务流程出发，一步步追溯在该行业中完整工作流程是什么样的。这一步分析能帮助我们对业务流程建立起深刻的认识。

以一家无仓储的电商平台为例，我们的工作只聚焦在线上平台获客、订单处理、支付管理、订货分发这 4 个部分，接下来的商品生产、商品仓储、线下配送都需要其他企业来配合。此时我们企业自身的运作流程如图 6-3 所示。

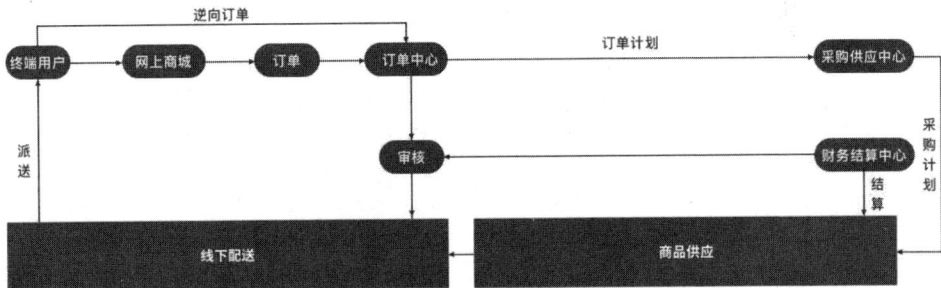

图 6-3　电商平台运作流程

接下来我们继续研究其他企业如何帮助我们最终实现将商品送达到用户的手上，于是我们得到如图 6-4 所示的电商行业工作流。

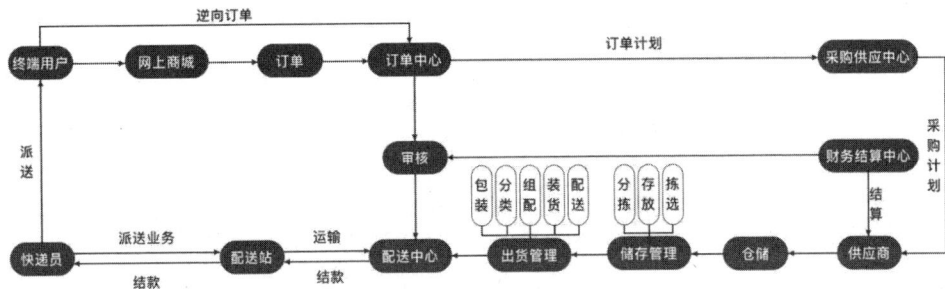

图 6-4　电商行业工作流

通过这样的梳理，我们就能对整个电商行业中不同企业配合完成的业务流程有了深刻认识，接下来就可以进一步分析在这个通用流程中各个企业的分工是什么，又是怎么进行利润分配的。

这里我为大家介绍一个快速确定行业分工的工具——三分法模型，在这个模型中任何一个行业都可以被拆分为**基础服务**、**平台**、**渠道分发** 3 个部分。

例如，我们用三分法模型来分析上一步得出的电商行业工作流，就可以得到行业的完整产业链布局，如图 6-5 所示。

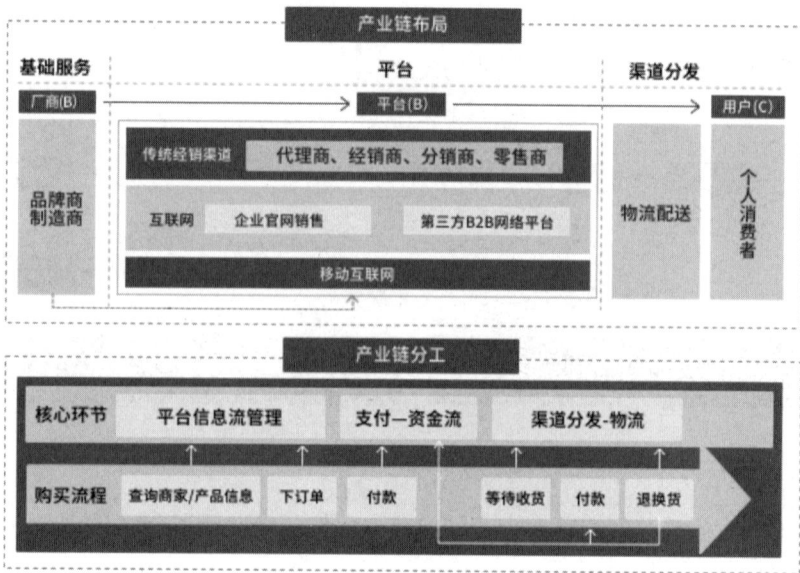

图 6-5　电商产业链全景图

6.2.1　预判企业业务发展方向

在完成了对整个行业的产业链分析后，作为中台产品经理，我们下一步就要预判未来企业业务会怎么发展，从而让中台在建设中可以根据企业的前进方向确定不同阶段的研发重心。

例如，作为一家电商平台，企业下一步的业务多元化战略会是选择涉足会员电商，还是要涉足直播带货模式？这里就需要我们进行一个预判，具体可以用以下几个方法进行。

方法 1：判断产业链中是否有优势方向

第一个我推荐的方法就是通过对近期 IPO 企业所在的行业与投融资焦点行业这两份名单进行交叉对比、得到结果。

众所周知，在中国，所有的 IPO 企业（所有上市的企业）都需要在证监会的监管下才能上市发行，而这一环节就意味着所有上市的企业都是符合我们国家政策引导的，只有在这段时期内属于国家支持方向的企业才会被优先放行，以便获得资金来帮助解决近期所凸显出的社会问题。

所以每段时间的 IPO 名单都反映出这些企业的业务方向是受政策支持的，而这也就给我们确定业务方向提供了参考。企业的未来方向肯定会选择受政策支持的方向，也就是这些 IPO 名单反映的企业业务方向。

同样，如果说 IPO 名单反映了政府对国家经济的宏观调控方向，那么投融资的焦点方向就代表了市场这只"看不见的手"根据资源配置理论所做的选择，那些在近期得到大量投资的企业背后的方向就是在市场视角中被认为有高价值的。

因此，如果我们将这两个方向与我们行业价值链的各环节进行一次交叉对比，我们就能快速得到既受政策支持又受投资人（或者说受市场）追捧和青睐的业务。 这也就是我们企业在下一步的业务方向。

举个例子，这是我摘取的从 2018 年 8 月至 2019 年 7 月的互联网行业投融资数据，如图 6-6 所示。大家可以清楚地看到，企业服务近期投资笔数占总笔数的比例为 19%，说明企业服务已经成为我们的投融资的焦点。

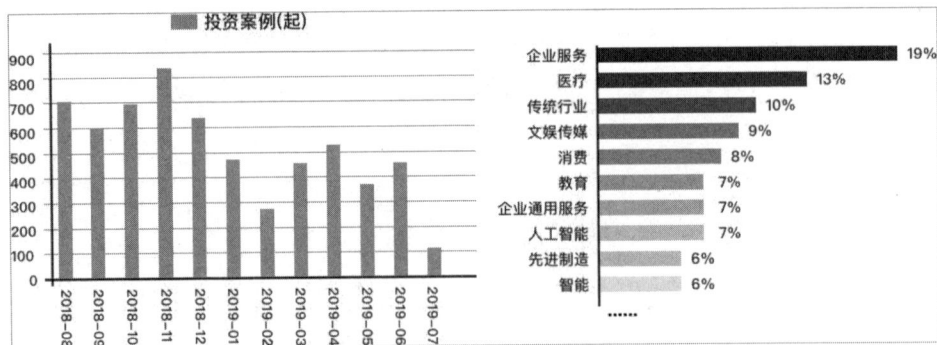

图6-6 2018年8月至2019年7月互联网行业投融资数据（公开数据整理）

这也就不难理解为什么在 2018 年的时候阿里巴巴集团要斥巨资去收购企业服务中的明星企业 Teambition，现在看来这就是阿里巴巴集团在提前布局企业服务这个市场。

当然到这里还没有对比完，我们这个时候还需要在往年同期 IPO 的企业中寻找是否有企业服务这个业务方向，来判断它是否受政策支持，从而完成这个方向是否属于优势方向的判断。

方法 2：判断候选方向是否值得进入

如果仅仅判断出产业链中的优势方向，那么还不能完全确定企业下一步的方向。比如，有时候我们分析出一个产业链中上下游都有适合我们的进入方向，我们接下来要去判断的就是这些方向是否容易进入与是否值得我们进入。

准确来说也就是判断该方向的投资回报率是否足够高。比如，我们之前在当下业务中只需要投入一块钱的成本，在未来就能获得十块钱的收益，而在进军新的业务方向时，我们投入一块钱成本，在未来可能只有一分钱的收益，那么这个业务对我们来说就是门槛极高的，哪怕它是上一个方法中分析出的再好的方向，对于我们来说也不应该进入。

所以要判断这个新业务方向是否值得我们进入，我们的核心方法就是判断市场集中度情况，如果目标方向中 70%的市场份额已经被头部两到三家企业所占据，那么这个方向就属于高度饱和的方向。

方法 3：对比国外同行业发展

企业方向预判的最后一个方法，就是将企业所在行业与国外同行业发展情况进行对比。

这么做的原理也很简单，国外市场毕竟比我们早发展若干年，所以很多（大部分）行业参考国外行业的当期状态，就能大概看到这个行业未来 5 年左右在国内会发展成什么样子。

当然我在这里给"大部分"加了一个括号，因为我们在互联网一些行业其实已经领先于国外的发展，比如扫码支付等，这些在国外确实没有什么参考。但是还有很多行业，我们依旧是落后于国外的。比如，国外的影视行业巨头 Netflix 公司出了一个新的互动剧系列，就是让用户可以自主选择剧情，帮助主角进行一个决策，如到底要走哪条分叉路，从而引申出新的剧情和支线。

这确实是一个蛮酷的创新，而我们如果要研究这种互动剧未来在中国的发展前景，就可以参考 Netflix 互动剧的近况。

6.2.2　宏观市场分析经验技巧

在看完这些框架之后，我们补充一个在平时分析中经常会用到的经验技巧。相信大家在日常分析中肯定会遇到想要查某些数据却没有办法直接查到的情况，这个时候我们可以用以下两种方法去解决这个问题。

（1）近似替代+比例估算

举例来说，我们想要查某个行业的总规模，但是可能我们找不到直接的数据，能查到的只有规模以上企业的收入数据。这时虽然它不是整个行业的总体规模数据，但我们在这种情况下可以去做一个近似的替代。再者，一个行业中我们知道大概前 20 家企业的总收入，这个时候如果我们能推算出这些企业占整个行业的收入比例，我们只需要两者相除就能估算出整个行业的规模。

（2）升维估算

假设我们要查一个行业的总体情况数据但没有办法直接查到，此时在只有细分领域数据的情况下我们还可以使用升维来估算。

假设我们要统计全球电商的市场规模是多少，此时我们的估算逻辑就是先调查中国电商行业规模，再想办法查出中国市场占全球市场的比例，升维估算出全球行业的市场规模。而对于中国电商行业规模的数据，我们可以在电商协会发布的行业报告等文件中去查找，这个时候再通过一些经验数据，比如说通过专家访谈所得出的中国电商规模占全球的比例，再通过简单计算就能得出全球市场的电商总规模了。

6.3　企业商业模式探寻

对比我们刚得出的行业通用业务模式，接下来更重要的是我们要找到企业自身的商业模式运作流程，也就是中台的核心流程。

商业模式简单来说是企业创造价值、传递价值、获取价值的方式，它不仅包含了整个企业的盈利模式，还包含了对产品如何进行成本控制。具体来说，所表达的就是如图 6-7 所示的 5 个元素间不断运作的关系。

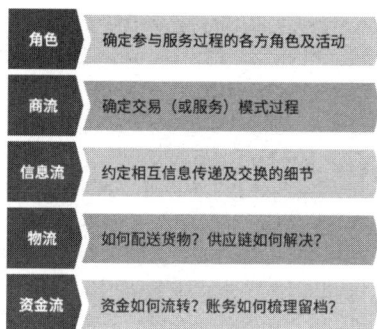

图 6-7　商业模式的基本元素

6.3.1　商业模式分析工具

要理解企业中无形且抽象化的具体商业逻辑，我们可以借助商业模式画布（Business Model Canvas）这一辅助工具。商业模式画布是《商业模式新生代》的作者亚历山大·奥斯特瓦德提出的，他将一个完整的商业模式以结构化的方式划分出 4 个视角、9 个模块，以帮助我们能更直观地去描述自己公司的商业模式。商业模式画布如图 6-8 所示。

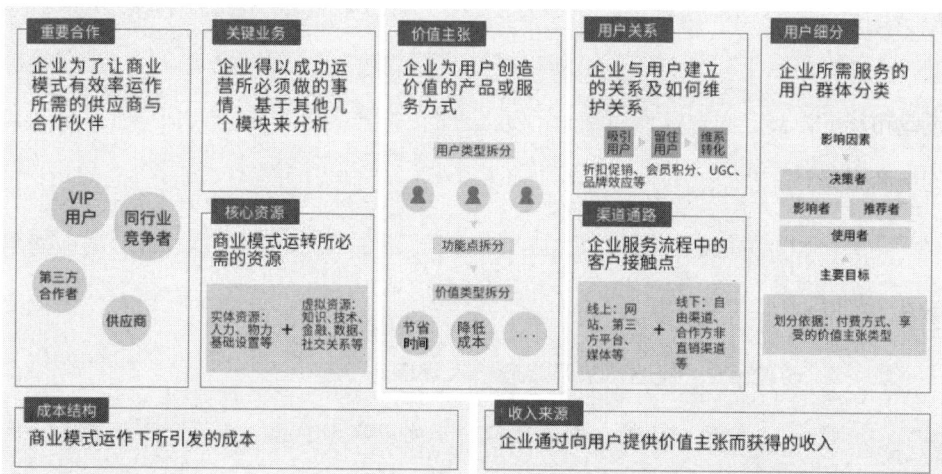

图 6-8　商业模式画布

大家不要看这里的细分问题很多，实际上商业模式分析只要掌握这 4 个视角就够了：

> ♪ 我们为哪类人群提供服务／产品？（Who）
>
> ♪ 我们具体提供什么服务／产品？（What）
>
> ♪ 我们要怎么提供服务／产品？（How）
>
> ♪ 我们要怎么通过这些服务／产品赚钱？（Money）

而下面的 9 个模块就是从这 4 个视角所展开的。

（1）用户细分

所谓用户细分就是在整体市场中寻找有特定偏好、特定需求的用户，我们为这群用户生产特定的产品来满足他们。这里其实涉及企业市场管理的一个重要理论——STP（Segmentation，Targeting and Positioning）理论，它包含了 3 个环节：市场细分、目标市场选择和企业自身定位。

举个例子来看，在市场中我们可以按照目标用户将企业分为两类：一类是平台型企业，选择为所有人提供服务，此时对这类企业而言就没有细分的用户概念，比如淘宝电商平台；但是在市场中绝大多数企业都是针对细分市场去提供特定服务的，这种模式在今天这种高竞争环境中更能获得成功，比如得物（毒）App 面向的是运动市场的电商，它选择专注细分运动人群而不再像淘宝网与京东那样去做全品类的电商服务。

一般我们进行市场中的用户细分时可参考的维度有很多种，在这儿我摘取通用的几个维度：

> ♪ 物理维度：地区、城市规模、人口密度、气候等。
>
> ♪ 人口维度：年龄、家庭规模、家庭周期（单身、已婚、丧偶等）、性别、年收入、职业、受教育程度、宗教、种族、国籍、社会等级等。
>
> ♪ 信息化维度：线下流程阶段、线上流程阶段。

当把这些弄清楚后，我们可以非常方便地画出目标用户群体的画像。比如，一家企业财控类 SaaS 软件的典型客户画像：企业中等规模，信息化程度低，报销为传统的纸质报销模式，企业内部为销售驱动型，销售人员有一定数量，企业管理层对新事物具备较高的接受度。

（2）价值主张

企业所提供的产品或服务的出发点是什么？我们针对细分用户创造了什么样的价值产品或服务？能为他们解决什么问题？

（3）关键业务

此处指企业为用户提供产品 / 服务的关键商业活动，如研发、生产、推广等。

（4）核心资源

此处需要明确的是公司的核心竞争力是什么，如核心技术、销售网络、产业"大咖"等。

（5）重要合作

此处指企业整套商业运作中处在企业外部的合作方企业，如供应商、咨询方等。

（6）用户关系

我们要同细分市场中的用户建立何种关系？是伙伴关系、销售关系还是粉丝关系等？

（7）渠道通路

此处指产品销售路径与推广方式，我们主要用这一环节来确定企业要如何找到目标用户，并将产品 / 服务如何送达用户手中，最常见的就是通过广告的形式进行产品宣传，让用户熟知产品。

（8）成本结构

此处指企业为该目标用户群体提供产品／服务时，产生的固定成本与变动成本之和。

（9）收入来源

这里主要描述公司要用何种方式进行盈利，产品／服务要如何定价。

这里我为大家总结了一句话来快速串起商业模式画布里的所有概念：假设我们要开发一款社交软件，首先我们要了解为哪类目标群体提供服务（**用户细分**），再确定他们的核心需求（**价值主张**），思考这款软件如何能被他们发现并使用（**渠道通路**），在用户开始使用软件后我们要怎么实现盈利（**收入来源**）以及与他们保持什么样的关系（**用户关系**），凭借什么特殊优势保证我们的这款软件的特殊性不会被竞争者超越（**核心资源**），为了达成这个目标我们需要采取什么活动（**关键业务**），最后能支持这个商业模式的合作方都有谁（**重要合作**），在整个计划开始前我们需要预估整个流程的综合成本会是多少和是否有盈利的可能性（**成本结构**）。

6.3.2 商业模式分析案例

让我们用这个概念来分析目前非常火的在线卖生鲜的 A 电商平台。

用户细分：C 端客户、B 端客户

对于本平台来说客户分为两类：一类为有个人饮食需要的 C 端消费者；另一类为 B 端商户，如企业餐厅、集体食堂等。

价值主张：随时随地购买、配送新鲜菜肉瓜果

随着人们生活方式的发展，越来越多的年轻人成了上班族，而如何以上班族的作息时间重新定义生活方式、配套服务成了新市场环境的潜在诉求。在这其中很重

要的一环就是如何让傍晚才能回家的年轻人购买到新鲜的菜肉瓜果，所以这成了这类企业的核心价值主张。

关键业务：电商平台

提供在线访问平台，让用户可在平台中自主下单完成菜肉瓜果选购，并自建配送团队在规定时间内完成配送，保证菜肉瓜果离开仓库后的新鲜程度。

核心资源：门店资源、物流、仓储、网站系统

A电商平台除了具备普通电商平台的物流、仓储和网站系统，根据菜肉瓜果易坏的特征自建了一个针对这一特殊品类的管理体系，从而大大降低了仓储物流成本。

重要合作：专属品类供应商

通过与菜农和屠宰场建立采购合作，可以保证菜肉瓜果的新鲜并以较低的采购价格完成品类供应。

用户关系：平台与用户的关系维护

在线上服务中，平台与客户之间关系的维护是通过运营与客服的配合来实现的。例如，对用户提供人工帮助，为客户提供售前解答、售后服务等。而在配送中出现的客户问题由配送团队进行辅助管理。

渠道通路：广告、地推、自营网站

平台在线上通过广告宣传吸引用户使用本产品，在线下通过在小区门口进行专人介绍推广让用户下载应用并使用。

成本结构：研发成本、公司运营成本

由于A电商平台所属公司是全平台的电商公司，故研发成本主要涉及网站和App的开发成本。此外，公司运营成本是该自营平台公司的另一个重要部分，涉及物流成本、仓储成本、客服成本。

收入来源：销售收入、服务收入

全公司的收入来源主要包括 3 部分：

♫ 菜肉瓜果售价与成本的差价。

♫ 为用户提供 VIP 服务时收取的会员费。

♫ 平台中设立广告位为相关品牌提供的曝光。

至此我们就得到了完整的商业模式画布，如图 6-9 所示。

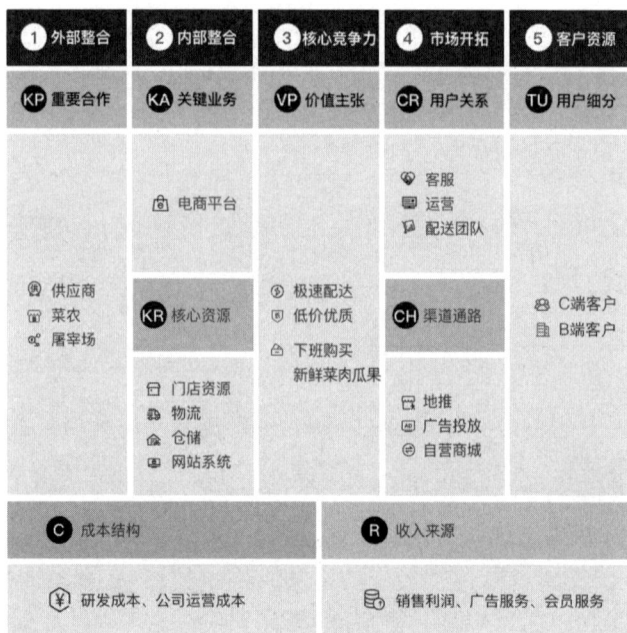

图 6-9 A 电商平台商业模式画布

搞清楚了企业的商业模式也就相当于我们已经站在了企业管理层的高度。此时我们就可以从管理层的角度去看看，如何设计中台才能帮助企业更好地达成商业目标。

6.4 中台用户研究

上面的分析结果能让我们对企业未来的整体业务发展做出比较合理的预判，而除了为未来业务提供能力储备，中台另一个重要作用就是为现有业务的快速迭代与用户多元化需求提供支持，而其前提就是需要中台产品经理进行一次公司内部的用户研究，搞清楚当前中台服务的是什么样的一群用户。

用户研究的目的是让产品经理在脑海中对产品的目标用户有非常具象和清晰的认识：我们都有哪些用户？他们各自是什么样的人？他们在各种产品面前会是什么样的反应？

具体我们可以根据定性和定量这两个维度将中台用户研究中常用的方法划分成两个象限，如图 6-10 所示。

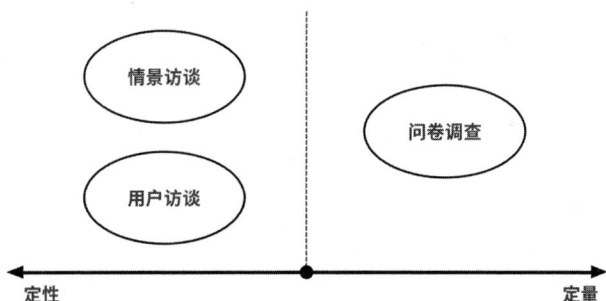

图 6-10　用户研究方法分类

在坐标系中越向右代表定量程度越高。通过不同程度的定性、定量方法，我们可以收集到不同中台使用者需要做什么与对中台的态度和观点。

6.4.1　中台用户研究方法

在中台研究中我们常用的用户研究方法分为如下几个。

（1）用户访谈（定性）

用户访谈是用户研究中最直接也最有效的方法（这一方法尤其对 B 端业务下的中台有很明显的作用），在访谈中我们可以与这些业务线负责人进行长时间、深入的交流，从而获得他们的真实想法以及在需求发生时的场景，从而判断需求的真伪，进行对应方案设计。

通过访谈，我们能确定公司目标客群的概况、人群划分、核心诉求、现有方案的不足等信息，这些都能为我们的中台业务建设提供优先级的参考。

（2）情景访谈（定性）

除了通过各业务线负责人获得对市场与终端用户的二手信息，我们还可以通过情境访谈直接了解终端用户的需求。具体来说，我们可以通过创造一个用户平时使用产品的场景，看用户在熟悉的环境下如何进行操作，了解用户在使用产品时的真实操作与感受。比如模拟用户身处睡前的暗室，观察用户怎么在睡前使用手机，从而推出主动调低蓝光的深夜模式。

需要注意的是，在情境访谈中我们应遵从以下两个原则：

♫ 情境方面，要去了解用户通常在什么样的环境下使用产品，并尽可能准确地还原用户使用产品的场景，从而让我们可以发现用户的隐形需求、现有解决方案的局限与新的用户痛点。

♫ 交流方面，必须与用户进行深入交流，让用户有机会解释自己每一步操作动作的原因，以帮助我们更准确地定位用户动机。

（3）问卷调查（定量）

除了情景访谈，我们还可以用问卷调查来进行终端用户研究，问卷调查的优势在于能帮助我们覆盖一个相当大的范围，从而获得不同类型群体的反馈意见以帮助我们尽可能全面地了解用户维度。但是问卷调查也有很明显的缺点，就是无法深入对一个问题进行探究，并且由于没有人解答问卷题目，用户回答的方向在很大程度上会受到影响。所以在实际工作中一份问卷的用时应该不超过 15 分钟，题型尽量采用选择题，并且进行定向问题收集。

以上这些方法都是偏重用户场景分析的研究方法，能够让中台产品经理在设计中台框架时对各业务线用户的核心需求抽象出并建立起更精准的认识，从而保证中台所提供的能力既是业务线需要的也是用户关注的。

6.4.2 中台用户研究行动点

介绍了这么多方法，我们接下来看看具体要如何运用上面的这些方法完成一次中台用户研究。

（1）圈定研究人员范围

要开始用户研究，第一步的任务就是筛选一下在整个公司中我们要去研究哪些关键人员。

在确定人员范围时，目标人员不能太脱离业务一线。如果我们直接去访谈公司的各个业务 VP（副总经理），这对于我们抽象中台能力没有太多帮助，因为他们并不从事一线业务的落地、实现。

不过在设计名单时，我们也需要在其中选定一定数量的公司高层人员，从而帮助我们了解在整个企业层面对于中台系统的建设要求与价值希望。

在这样要求的指导下，我们最终可以圈定出如下的人员名单：

♬ 业务完整流程各节点直接关系人：产品经理、运营经理。

♬ 业务支持研发人员：项目经理、架构师。

♬ 公司高层：CEO、CTO、业务线负责人。

因为每家公司内人员岗位的叫法不同，这里大家根据自己公司的具体情况按照如上的分类寻找对应的人员即可。

（2）设计研究问题大纲

选定人员之后我们就需要设计研究问题大纲，也就是在正式和用户见面之前，我们需要设计与这些未来中台使用者的谈话，问问自己想从他们那儿知道些什么信息，了解他们对中台的诉求。

值得注意的是，面对名单中不同层级的人员，我们需要整理出不同类型的问题，这里我给大家展示一下必须了解的 4 个关键问题集：

> ♪ 高层对中台的了解程度是多少？
>
> ♪ 当前阶段企业的发展方向是什么？是扩大利润，还是扩大市场占比？
>
> ♪ 是否支持进行中台建设？建设目的是什么？希望能给公司带来什么价值？
>
> ♪ 当下公司的信息化程度如何？各个部门间的对接是如何进行的？

与上一步一样，大家可以根据自己公司的实际情况，在这些问题集的基础上进行实际拓展。

6.4.3 中台用户访谈全流程纪实

人员圈定完毕，问题集梳理完毕，接下来我们要做的就是正式开始进行用户访谈计划的制作。

由于名单上的岗位众多，我们可以将用户访谈设计成多轮次的，并且每次只聚焦一个话题从而保证访谈的深度，所以我们就需要进行访谈计划制作。在这儿我们根据不同的人员层级将用户访谈划分为 3 个层次：

> ♪ 针对一线业务运作流程人员的以业务熟悉为主题的访谈（这里优先选择

在商业模式中处于关键环节的业务流程参与人员）。

♫ 针对业务支撑生产人员的以梳理现阶段 IT 资源为主题的访谈。

♫ 针对公司高层的以确定中台建设方向为主题的访谈。

在这个基础上我们补充每次访谈的产出，就能得到完整的中台访谈计划表，如图 6-11 所示。

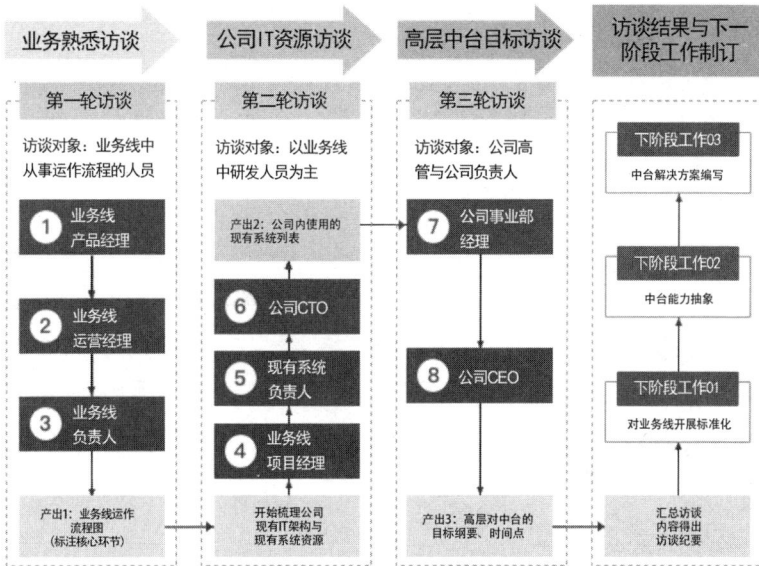

图 6-11　中台访谈计划表

至此我们整个中台的用户访谈就已经完成了，总结宏观市场分析来看，实际上前面讲述的这些方法的本质就是在研究下面市场四要素的传导效应。

市场四要素：宏观环境 + 行业动向 + 竞争对手的变化 + 用户需求发展

通过分析市场四要素，我们就能快速定位企业自身的商业目标达成主要受什么影响。

在完成市场宏观认知后，此时我们需要根据从访谈得到的结果开始下一个阶段的任务规划，也就是进入中台 MSS 建设模型的下一个阶段——企业标准化。

本章总结

知识点 1：商业模式

商业模式画布帮助我们分析企业当前是如何完成商业模式的布局的，以此找到中台的核心流程。

知识点 2：中台用户研究

我们了解了如何圈定调研人员的范围与每次访谈的目标和产出。

第 7 章

预建：业务标准化

互联网发展到今天，市场中绝大多数企业已经有了完整的组织架构与人员配置，企业间的竞争已经发展成为企业之间效率的比拼。也就是说，谁能用更低的成本完成产品研发，谁就可以称霸市场。

而此时作为企业信息化的把关人物——中台产品经理，我们首要做的就是将企业部门间的配合与员工间的任务变得程序化，形成标准的模板，从而使任务变得可拆解、可量化，并能通过数据迭代的方式不断优化这些模板，为接下来的中台建设发掘业务的共性点。

因此本章我们就进入了中台 MSS 建设模型的"企业标准化"阶段，我们先来看一看企业在中台建造前要如何对公司内部的运营模式做一次效率升级，让业务标准化。

7.1　组织结构的中台化改造

事实上，当我们决定要建设一个高度可用的中台时，首要做的不是立即组织人力着手开发，而是进行企业标准化的第一步，也就是为一个算是新生事物的中台团队找到合适的定位并将其放进企业组织架构。

我们在前面章节中一直提到大公司内部烟囱式组织架构的弊病，要破解这样的问题，必须做的就是建立一个新的协作体系。

许多公司在诞生初期通常会采用矩阵组织架构来管理员工，不得不说这种按职能分工形成的模式确实是非常适合早期公司业务发展的组织形式，可以帮助解决公司早期人力不足的问题。

例如，这种模式下的公共测试部与系统运维部两个部门都是以整体为对象去支持不同的业务线。此时由于没有具体指派到某一个员工，这两个部门的人员都可以随时更换所支撑的项目以实现人员灵活调配，从而保证这两个部门的公共人员始终处于满负荷的工作状态。此时公司的组织架构如图 7-1 所示。

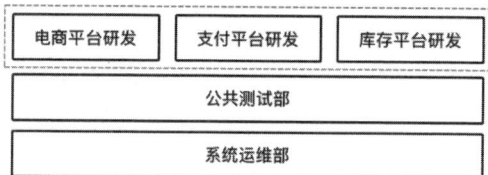

图 7-1　初期电商组织架构

但是伴随着用户数的发展，在业务方的需求开始增加之后，各条业务线不断地向测试部门提交测试需求，此时出现的现象就是测试人员不得不在业务线之间不停地切换，而频繁切换部门会大大提升人员重新认知的时间成本，这样既不能保证测试质量又无法提高测试速度。

此外，在图 7-1 中，在电商平台、支付平台、库存平台这 3 个平台中伴随着自己业务线独立发展的技术团队在完成相同的业务时很有可能选择不同的技术组件，导致同样的功能在稳定性与迭代速度方面却不相同。

所以面对这两个新出现的问题，作为中台产品经理就应该主动向管理层去建议组织架构的调整，将职能部门重新划归到各条业务线中，从而让前台业务线拥有一个完整的从开发到设计再到测试的生产团队。

此外，要和事业部中的原技术人员进行协商，明确前台业务的研发人员与中台研发人员的分工，将原来如电商平台研发人员负责的一些公共模块下沉给中台研发人员来研发，从而让整个公司的中间件、自动化脚本、数据库查询等技术工具统一由中台团队开发与维护。此时前台业务的研发人员，如电商平台研发人员，只负责前台业务需求的研发。

其中，前台业务需求就是指区别于中台建设的统一化需求，而仅为了满足该业务线目标市场的需求，如业务线的客户反馈意见、业务线自主规划的功能、业务线内部运营的需求等。

经典的例子：一款 OA 系统在被售卖给不同公司后，前台业务部门可能根据各个公司的偏好去设计首页布局、按钮名称等，这就是前台业务需求。此时这些需求应由前台业务研发人员去解决，而公司 OA 系统中各个功能的底层服务研发则不需要改动。

这个时候我们就在整个公司研发团队的组织层面建立起了一个中台的定位，即负责所有公共事务研发。此时我们也达成了将公共的底层技术能力研发与前台的业务逻辑研发分离的目的。这也就是标准的中台架构：让前台业务通过中台去接入各种公共服务。中台研发组织架构如图 7-2 所示。

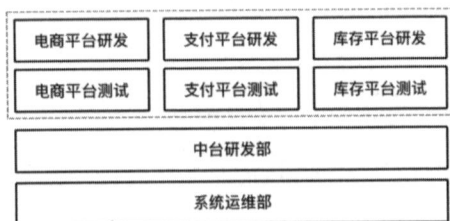

图 7-2　中台研发组织架构

所以，在这一步我们依据中台建设将公司的人员结构重新分为前台业务研发人员、中台研发人员与后台研发人员 3 类：

- **前台业务研发人员**：负责响应一线客户的需求，目标在于实现业务目标，较少考虑系统性能。

- **中台研发人员**：负责维护工具。有了这么一群专职的人员，就可以撇清烦琐的业务需求，每天的任务就是研究如何使用这些工具，使其性能最优化以提供给前台研发使用。

- **后台研发人员**：负责底层物理机器的管理与支持和技术架构选型的研发。

这些问题我们在本书第 12 章关于技术中台的设计中还会继续讨论。

7.2 业务流程的中台化改造

确立了中台团队在组织中的定位后，接下来我们就要对公司的业务流程进行改造。

业务流程的中台化改造实际就是将业务中我们要进行的各个环节找寻出来，从而将一个非常抽象的业务定义为由若干个标准动作加关键节点所组成的程序化流程。这样就能保证我们在设计中台的时候，能站在业务方的角度去考虑哪些核心能力是业务方所需要的。

例如，在电商公司中我们经常会听到客户售后反馈事件。那么，这种事件具体有哪些环节？用户要反馈哪些信息？我们的客服人员是如何进行处理的？是否可以设计一些工具帮助客服进行相关工作效率的提升？

实际上，整个公司的发展就是在不断地去完成对内部工作协同、对外部客户服务的业务流程优化。作为中台产品经理，我们必须对公司的各条业务线都进行一个标准化的梳理，做到对公司的各项业务心中有数。

要怎么来做呢？我们可以分为下面这两步。

7.2.1 业务抽象归类

具体说来，我们可以将公司内的不同业务按照**泛产品架构**进行映射归类，从而明确该业务属性。

什么是泛产品架构？简单来说就是将整个公司视为一个产品，而产品就是由研发与市场两者协作形成的。

用公式来描述：

产品 = 产品主体 + 产品推广标准流程 + 运营后台

运营后台 = 产品运营反馈循环 + 推广运营反馈循环

如果用产品体系矩阵图来表示，就是如图 7-3 所示的泛产品架构。

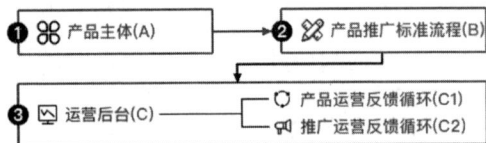

图 7-3　泛产品架构

A. 产品主体：这个部分是每家公司予以用户使用的产品终端，如微信 App、今日头条 App、金蝶财务系统等。

B. 产品推广标准流程：这个部分是产品如何推向市场的运作过程，包括线上运营活动、广告投放、线下人员地推等，但此处与以往不同的是我们要强调标准化的概念。

这里解释一个定义：所谓推广标准流程指我们将以往推广人员自由发挥的推广动作进行规范，让推广动作就像安装说明书一样在进入每一个新市场时能按部就班地进行。

C. 运营后台：指根据反馈进行研发过程或推广过程优化的部门，并将新的优化产物交付前台执行。

我们还要明确这个体系中的运营后台与大家平时所理解的传统用户行为的统计是不同的，在这里除了拉新、留存等用户运营，还包括两个反馈循环：产品运营反馈循环与推广运营反馈循环。

产品运营反馈循环：我们根据用户与市场的反馈去迭代优化产品，这个相信大家在日常工作中应该有过接触。

推广运营反馈循环：由后台不断生产推广人员所需的内容，及时根据每日反馈进行迭代来磨合整个系统，并通过实战总结出面向不同属性客户的针对性推广方案。

按照这个思路，我们可以将公司中的各个业务代入这个公式，看看各个业务到底是属于哪一类的，完成第一步业务抽象归类。

此时我们可以使用中台业务分析表去记录这里的业务分类结果，其模板如表 7-1 所示。

表 7-1　中台业务分析表模板

业 务 事 件	泛产品架构分类	事件标准动作	运 作 流 程

7.2.2　业务程序化

接下来我们就可以针对不同类型的业务进行标准化环节拆解。

举一个线下地推的例子，假设现在我们需要对某外卖商户接单系统进行推广。在以往的推广过程中，很多产品经理对于这种非标准的推广活动只关注推广结果，如今天推广了多少家商户或者多少人下单等；关注的问题也只是地推中出现的产品需求类问题，如地推人员反馈商家需要新增语音播报功能而我们就去进行产品优化，或者在推广过程中推广团队需要哪些工具而我们进行对应研发等。此时我们对推广流程的各个环节是不清楚的。

在我们设计中台时，只有不同业务、多个地推团队存在，我们才能提供统一的相关服务。例如，提供数据监控服务时，我们就很难定义该业务的实际需要，也就是地推团队的城市经理所关心的地推指标究竟是什么，或者在地推过程中整个地推团队又需要采集哪些信息，因而也很难帮助市场运营人员能更准确地设计下个周期的推广计划。

在没有中台的情况下相关业务是很难做到统一的，因为没有人能真正站在业务全盘的角度去思考与优化各个部门衔接的流程。而中台产品经理为了解决这一切，通过梳理清楚地推团队的日常工作流程与市场部工作的业务流程，可以设计一套对应的数据指标体系来服务这两个业务方。

就拿外卖系统推广的案例来说，经过与两个业务方的沟通梳理，我们得出了统一的客户拜访流程，具体细分为如图 7-4 所示的 9 个标准动作。

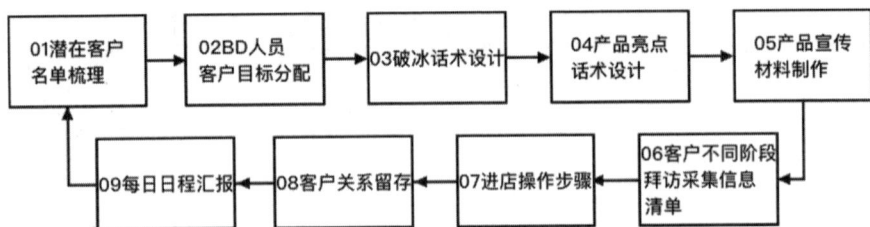

注：BD（Business Development），即商务拓展，负责拓展合作伙伴，此处指拓展客户。

图 7-4　客户拜访标准动作

整套动作中有输入、有输出，从流程中还可以看到我们在进店前一共花了 6 个步骤去准备相关内容，如表 7-2 所示。

表 7-2　准备清单

序号	准 备 项	备　注
1	潜在客户名单	在推广前我们需要将潜在的餐饮客户按照网格化进行统计并录入系统
2	BD 人员客户目标	将潜在客户按照位置分布与餐饮特征（面食、火锅、零食等）分布拆分到每位推广人员手中，并每日更新，确保推广人员每日任务明确
3	破冰话术	初次见客户时的关键一分钟话语：包含 3key 值（也就是产品、目的、作用）的话术
4	产品亮点话术	在客户感兴趣时用 3 分钟把产品的特色描述清楚，并且直击产品核心
5	产品宣传材料	为产品演示提供统一使用的样品——产品传单、扫码牌、人员着装等，由总部进行配发
6	客户信息采集清单	每次拜访不一定能成单，但是每次与客户的交流都是一次市场声音，所以我们要定义清楚每次让推广人员带回什么信息，来帮助我们进行迭代

通过这样的梳理，地推人员的一些很重要的反馈信息就能被市场部及时采纳。

例如，地推人员推广的效果如何，我们预期的推广目标人群在实际地推人员接触之后是否成立，地推人员真正见到的商家画像是什么样的，我们的产品是否触及了其痛点等。

继续分析，我们可以把地推工作中与不同部门的配合确定为如图 7-5 所示的 4 个环节。

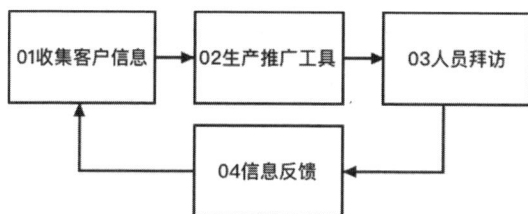

图 7-5　跨部门反馈流程

以上就是我们对地推过程的业务建模流程，我们可以看到一个平时在大家口中"简单"的线下推广业务被我们拆解出了标准的 **9 个执行动作**和 **1 个反馈流程**。

此时我们就可以去更新中台业务分析表，来完整记录这个事件的梳理结果，如表 7-3 所示。

表 7-3　中台业务分析表

业 务 事 件	泛产品架构分类	事件标准动作	运 作 流 程
线下推广	推广标准流程	01～09 客户拜访标准动作	跨部门反馈流程

依次类推我们就可以很快完成对公司整个业务体系的标准化梳理，从而方便我们在建设中台方案时把握各业务方之间的关系。

7.3　业务线的核心公式

通过前面的努力，我们已经将企业的各项业务梳理出了一个标准的流程，接下来我们要做的就是想办法对这些业务进行量化，以便我们能把握住这些业务的核心。这里我为大家准备了一个数据指标探寻流程的具体案例。

我们继续拿上面的推广场景作为背景，假设我们要对地推人员的订单达成（以下简称"成单"）这一动作进行动态跟踪，那么要如何去拆分地推人员的成单指标呢？

首先我们需要将地推人员的成单这一动作拆分为如下几个指标组成的公式：

$$地推人员的成单率 =（客户线索数×转化率）/客群总数$$

通过这一步我们可以很清楚地看到成单其实受 3 个关键因素影响。

但在很多销售驱动型公司中，常见的一种现象就是面对不同类型的客户公司会有不同的销售策略，收费模式与定价不同，结果就是转化率大小不同，因此我们可以继续优化，得到这个公式的 2.0 版本：

$$成单率 2.0=（A 类客户线索数×A 类转化率 + B 类客户线索数×B 类转化率 + C 类客户线索数×C 类转化率）/（A 类客群总数+B 类客群总数+C 类客群总数）$$

对于这样的结果，我们就可以对整个业务体系做如图 7-6 所示的对应优化，优化的核心点就是围绕图中的几个出发点帮助企业提高每次销售动作的价值。

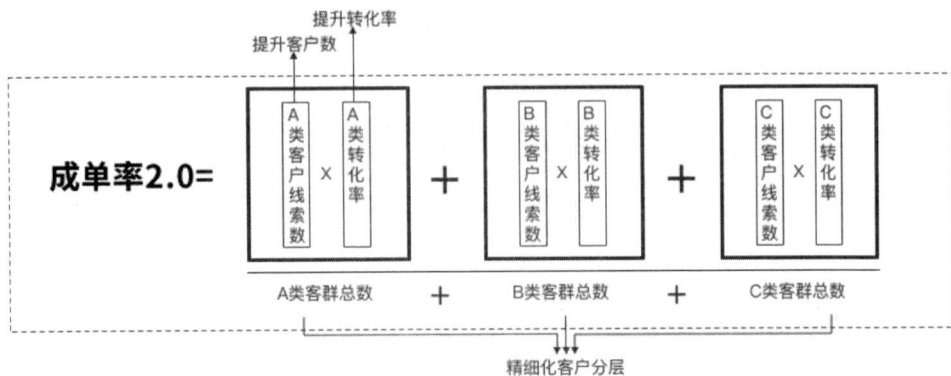

图 7-6　指标得出的优化方向

此外，我们可以在成单率的公式上加入一个时间的维度，那么就可以让产品优化增加一个新的方向。也就是我们通过降低各个指标达成所需要的时间（对应图 7-7）来提升我们的成单效率。常见的就是我们利用系统帮助企业更快捷地完成客户动态分层。

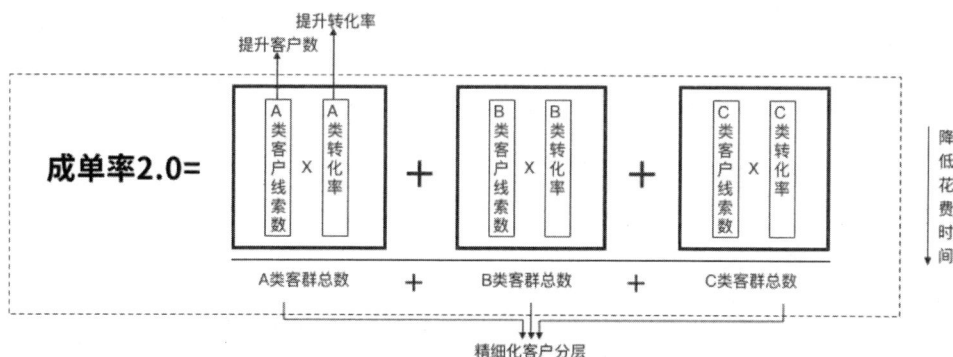

图 7-7　加入时间维度的优化方向

那么围绕着上面的目标，我们可以定位到如表 7-4 所示的这些量化指标。

表 7-4　量化指标

序　号	目　标	指　标
1	提升价值	各类客户线索数
2	提升价值	各类转化率
3	提升效率	客户分层
4	提升效率	降低时间

所以我们在梳理本公司业务体系的时候，就可以通过这种公式化的分析方法来逐个找到各条业务线的业务指标，同样也为接下来建设数据中台圈出了大体的指标寻找范围，这些在本书第 11 章我们还会继续讨论。

完成了标准化就意味我们已经将制作"中台"这道大菜的原料洗切完毕了，接下来我们似乎就可以正式进行"中台"烹饪了，但是事实上这里还有一些准备工作要做，因此在第 8 章我们就先来谈谈中台设计的相关核心原则。

本章总结

知识点 1：组织结构的中台化改造

找准中台团队的定位，让前台业务部门的研发聚焦于业务需求，而通用的能力与服务研发交由中台团队进行。

知识点 2：泛产品架构

这个架构就是将整个公司视为一个产品。

产品=产品主体+产品推广标准流程+运营后台

运营后台=产品运营反馈循环+推广运营反馈循环

知识点 3：业务量化

在完成了企业内部业务标准化后，我们需要对整个业务进行考核体系指标的设计，从而帮助我们实现企业的数字化运营，也帮助我们找到企业数据中台的监控目标。

第 8 章

设计成功中台产品的核心原则

市场上每个公司的业务形态与内部组织都是不同的，这也造成了每家企业对中台的需求也是不尽相同的，因此中台的建设必须结合每家企业内部的现实情况去规划。但一般来说，要建设一个真正能帮助企业解决问题的中台，必须遵守以下核心原则。

8.1　原则 1：独立的中台研发团队

当公司将中台建设提上日程时，作为项目建设者的中台研发团队必须拥有独立的编制，也就是说，我们必须在公司内拿出一部分技术力量专门解决中台的问题。

但是现实中很多公司的中台产品研发却往往是由某个业务线部门兼任的，这是完全错误的。

兼任型研发模式最大的弊病就是当团队对业务进行抽象建模的时候，会无意识地参照当前团队业务进行设计，在中台建设中我们适当地参考当前业务线的发展是有必要的，但是如果完全根据某条业务线的需要去设计中台模块，就让中台丧失了本身的价值。

例如，某条业务线负责在线音乐播放器平台研发，在进行全公司业务模块抽象分析环节时，如果由该业务线的团队兼任中台研发团队，就会出现分析结果都聚焦在了音乐播放这一孤立的出发点上的情形，抽象分析出的结果如表 8-1 所示。而这些结果如果只作为中台里的一个音频模块，这样的抽象程度是足够的，但是在业务形式发生极速拓展时，作为整个中台的前进方向则略显单薄了。

表 8-1　由音乐播放衍生的业务抽象

分　类	分 类 说 明	案　例	案 例 说 明
同类型拓展业务	仍旧以播放封装好的内容成品为业务场景，但承载形式发生变化	视频播放	视频的单音频播放模式

续表

分　类	分　类　说　明	案　例	案　例　说　明
非本类型业务	播放实时且未完成内容封装的产品，极限情况为边创作边播放形式	哼唱／翻唱	音视频直播平台

这种现象出现的原因其实也显而易见，由于中台项目人员并没有完全独立出来，在这种情况下其视线始终聚焦在本业务线的前进目标上，那么必然优先考虑自己业务线的需求。

所以我们要明白：适当的参考对于中台建设是有益的，因为这样能保证业务的实用性；但是完全按照单一业务线的发展规划去抽象就会导致业务抽象的深度不够。当然还有一种情况是多条业务线对同一场景有互斥的需求，那么我们又要怎样正确抽象分析呢？这里我们先谈中台团队组织，关于业务抽象会在第9章来详细介绍这个话题。

事实上，单独预留一部分人力解决为整个公司层面服务的系统建设，也是大公司内部所必须具备的规划。像国外知名公司 eBay 就专门发明了余量（Headroom）人员配比方法。公司内的开发人力除了被几乎全部部署在业务一线解决用户需求，还会被专门留出一定的人员解决公司级的产品问题。

例如，对于日常在公司中产品规模急速扩张而造成原先的架构无法支撑的问题，在人员配比留有余量的情况下，当监测到用户量呈现爆发态势时，就开始进行系统版本的重构与并发能力的扩充。

而这种余量机制能帮助我们避免业务不断发展而触及我们技术系统的上限。所以回到中台系统建设上，也必须如技术版本重构一样交由独立的团队进行。

明确了中台团队存在的意义，那我们就来看看作为中台产品经理的我们应该如何正确地寻找自己的盟友。

（1）必须有高管介入

这是中台团队组成的最重要的原则：在中台建设团队中必须有企业内部高管的

参与。

为什么呢？因为即便中台团队在业务层面找到了明确的企业需求，并由公司负责人确定开始执行中台建设，此时我们在建设过程中依然会阻力重重。

这里无外乎两个原因：

  ♫ 原因 1：整个业务必须能协调各条业务线，并让各个部门主动配合且愿意适当地放弃自己部分的利益去支持中台建设。最简单的理解就是，各条业务线中的人员需要抽出一部分时间与中台建设人员进行需求讨论，这无疑占用了他们的工作时间。

  ♫ 原因 2：中台的建设会打破原有的利益格局。以账户体系为例，在之前没有中台时，企业可能在每个事业部都安排了对应的人员去维护自己的账户体系。而通过中台的建设，我们将分散在各个事业部的账户体系归并到企业级的统一账户体系中，那么各条业务线中负责维护账户体系的相关人员要何去何从呢？

面对这种现状，很多因为早期粗放式发展而冗余建设起来的事业部与其子部门的领导将会非常抵触中台的建设。因为中台的建设触及了他们的利益，所以此时必须有高管去介入以破除这些阻力。可以说，如果想成功落地中台，中台团队中的高管是必不可少的重要角色。

综上我们可以得出结论，一个成熟的中台团队应该采用这样的编制：

  ♫ 角色1——高管：负责中台大方向定义与公司内部资源协调。

  ♫ 角色2——中台产品经理：负责中台业务范围定义并确定项目演进方向。

  ♫ 角色3——中台技术人员：负责落地中间件服务的开发实现。

而这个成熟的中台团队的日常工作模式，就是由一到两个产品经理带队进行全公司业务调研，由高层参与进行障碍扫除，再由独立的前端与后端开发人员进行中台产品的研发与迭代。

（2）与业务线建立沟通机制

既然中台人员已经形成一个独立的团队，为了不让中台人员与各条业务线研发人员再形成相互隔离的现象，公司内各条业务线必须与中台建设人员建立起一个高效的沟通机制。

这样做也是为了让第一线的业务人员的高频需求被发现，并及时地被归类到中台中，不断地补足中台规划，从而避免中台部门忽略了前台一线业务中的诉求。

对此我们可以使用周报汇报机制来实现沟通。周报以业务线新增需求与规划需求为核心内容，**具体包含业务线当前周的版本计划、版本中的重要功能、下一阶段规划的功能 3 部分内容。**

这样中台团队就能根据周报很快掌握业务线的变化，从而识别每个业务的发展动向。

8.2　原则 2：中台建设需求边界管理

在完成了团队组建与公司业务架构面向中台模式的调整之后，关于中台的建设，我们就可以划分出下面 3 个方向了。

方向 1：复用化。对于原来嵌入某个具体业务的模块，对其中的特殊部分（也就是原有的业务信息）进行剥离，使其变成一个公共的模块并且与业务没有任何关系。

方向 2：标准化。将剥离出来的模块与之前调用的业务线进行内部统一，使其变为多条业务线在操作同一事物。同一事物的名称、属性都能保持一致。

方向 **3**：能力化。通过对剥离出来的模块进行设计，使其拥有接收外部输入信息与向外传送该模块计算结果的接口。通俗来说就是接口化。

接下来，我们就需要开始对中台的需求进行一次全面的分析来确定中台的整个需求大纲，但是在这之前我们必须完成两个准备动作来帮助我们更高效地进行中台需求分析。

8.2.1　业务需求与数据需求的边界

很多企业在中台建设中，由于不清楚概念，很多时候会将业务中台与数据中台的需求混淆，从而导致在后期前台业务线接入时变得很混乱。因此我们在做需求分析前必须对中台的需求进行分类并划清边界。

我们知道互联网本质上就是在进行数据流动，而我们人为地将数据划分成了不同的属性，**业务中台与数据中台的本质区别就是对同一个事物中的业务数据与描述数据分别管理**。

> ♫ *业务数据。所谓业务数据就是指用户在使用系统时必须输入的信息和得*
> *到的信息。举例来说，在支付环节中每笔收入都会产生对应的现金流*
> *动，而此时收入数据就处于我们业务中台的需求范围。*
> ♫ *描述数据。这类数据就是我们用来描述业务发展好坏的参照物。例如，*
> *对于企业来说，无论属于哪一个行业，市场评价其业务好坏的指标只有*
> *两个，那就是收入与净利润。*

但是值得我们注意的一点是，业务数据、描述数据这两者可能随着模块的变化而产生属性互换，也就是在甲模块中的业务数据到乙模块中可能就变成了其描述数据。

例如，在上面的例子中，在支付环节中我们的业务数据是收入；而在订单模块中我们的业务数据应该是用户所要购买的商品与下单数量、地址、送货时间等，而此时的收入数据又变为描述数据，用来描述订单这个模块的转化率的高低。

所以中台建设中一个重要的原则就是要针对不同的模块分清楚业务数据与描述数据。

8.2.2　中台需求分析边界定义

在完成了业务数据与描述数据的区分之后，对业务中台和数据中台进行对应的需求分析时我们通常会用到以下两种思维方法：

- 演绎法。演绎法又称自上而下分析法，是人们以反映客观规律的理论认识为依据，从符合该认识的已知部分去推演事物的未知部分的分析方法。

- 归纳法。归纳法又称自下而上分析法，是人们以一系列经验事物或知识素材为依据，从中寻找出其符合的基本规律，并假设同类事物中的其他事物也都符合这些规律，再利用这些规律去预测其他事物未来发展的一种认知方法。

因此对于中台的需求分析，我们这里也衍生出了以下两种建设模式：

- 自上而下：通过分析现有公司内的业务与各个模块来向下拆分中台应该覆盖哪些内容。

- 自下而上：通过将现有业务中的各个模块进行不断归类来向上统一抽象出中台架构。

第一种自上而下的建设模式是通过现有模块的不断整合，如通过调研发现 A 业务线对现有的会员服务需要支持创建会员时在数据库中记录本会员邀请好友的功能，以便他们开展会员邀请拉新活动，而 B 业务线需要支持会员可以在平台中互加同级好友的功能，总结下来我们发现会员服务在会员关系链中需要同时记录同级与下级的关系，因此我们就得出了公司级会员服务的全量功能。这种建设模式能帮助企业精准地进行需求分析，找准模块抽象的核心特点。

但缺点在于其时效性特别低且成本特别高，所以经常被称之为"后发式"的建设模式，即企业中的中台建设都是在进行第二遍的开发，这些模块（如会员功能）先在业务部门间以独立的单元建设了一遍，再由中台进行统一维护并推出统一的会员管理功能，再让各条业务线将其内部的会员模块替换为中台的通用模块。这无疑大大增加了中台建设成本；同时也让建设中台的意义消失殆尽，中台的存在是为了方便各条业务线去探索新的方向，而这种先在业务线试错再合并到中台的模式，让中台建设变成了企业周期性的业务重构优化活动。

第二种自下而上的建设模式可以说是最适合企业在发展现有业务的同时去搭建中台的模式。这种模式不需要进行二次建设，节省了成本，因此绝大多数的企业在建设中台时都使用这种模式。

我们在建设中不断将共性需求进行剥离，使之成为平台业务需求，从而为整个公司的团队使用。

在第 9 章我们将具体来看看如何依据自下而上的方法来将公司的能力进行抽象，分析出公司内部各业务的现有能力大纲。

本章总结

知识点 1：独立的中台团队

中台团队由 3 类角色组成，分别为公司高管、中台产品经理、中台技术人员。

知识点 2：业务中台与数据中台的边界划分

通常我们将业务的输入与输出项定义为业务数据，而根据其是否衡量某一事物发展情况确定是不是描述数据。

第 9 章

现有业务的能力抽象

完成了业务标准化与不同中台的需求边界后，我们下一步就要为中台模块建设做准备了。本章我们要做的就是逐一将公司各条业务线的产品模块进行"拆解"，找到各条业务线的关键节点与对整个公司的价值优先级。

9.1 中台业务场景分析

要进行能力的抽象，首要做的就是以市场视角去评估各条业务线，评估业务线帮助公司在市场中建立了什么印象。例如，苹果公司给大家的印象就是手机行业的工业设计引领者，而这里起到最直接作用的便是苹果公司的工业设计部门。

因此我们就要对当前全公司的产品线做一个动态的产品画像，来判断目前各业务的核心价值在哪里。

本章中我们尽量采用产品经理日常工作中比较常用的一些方法，来教会大家产品线的产品画像是如何得出的。接下来就让我们像一个个战略级产品经理一样来开始进行一次产品画像之旅吧！

对于任意一款产品，当我们站在战略层面去看时，其产品画像可以分为两个维度。

（1）各产品在产品线中的定位

所谓产品线（Product Line），指的是为达成企业某一目标的多个相关需求解决方案组成的集合，产品线可以是由多个产品组成的，也可以是由多个功能模块组成的。

在谈产品线定位之前，我们还必须了解一个前置条件，就是摸清楚公司当前的商业模式是如何落地实现的。

在前一章我们已经摸清楚了互联网中的主要商业模式，所以在这里我们就要去看看，一家公司对自己的商业模式有什么样的产品部署，哪些产品是帮助公司实现商业目标的（即通过什么方法来盈利的）。

而对于绝大多数互联网产品，如现在的知名应用——微信、支付宝、淘宝网等，都可以采用如图 9-1 所示的产品运作逻辑来达成商业目标。

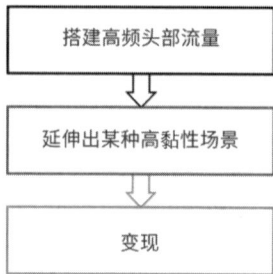

图 9-1　产品运作逻辑

在掌握这个逻辑后，大家只需要结合自己的公司业务就能快速确定自己公司的商业模式。

因此，为了满足这种架构，我们需要对自己的产品线进行合理的规划。谈到产品线布局，这里我们就要提一个非常著名的**三级火箭理论**。

三级火箭理论概念来源于现代的火箭设计，大家都知道火箭想要飞离地球必须克服自身重力，而火箭必须依靠所携带的燃料产生的火焰将自身推出地球。但是现在的矛盾是携带的燃料越多，火箭自重将会越大，同时需要克服的引力也会越大，这样就无疑陷入了一个死循环。因此人们发明了一种三级推进模式：每级火箭只负责指定高度的推进，随后从箭体分离，从而最终让火箭的核心——卫星冲出大气层。

这个理论对于互联网商业来说，就演化成了：为了实现一个商业目标，我们需要分出多个子目标，再将子目标交由不同的产品去执行，最终实现核心目标。

而根据这个理论，我们就能得出互联网公司的三级火箭模型，如图 9-2 所示。

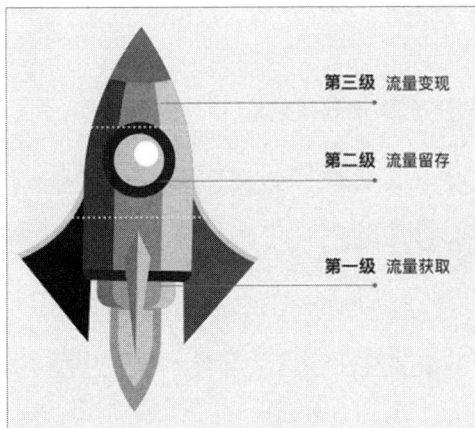

图 9-2　三级火箭模型

第一级，流量获取：通过给用户补贴抢占市场，建立起稳定的流量供给渠道。

第二级，流量留存：将流量用户沉淀至可拓展的高频商业场景中，实现产品方向的演化。

第三级，流量变现：推出核心付费环节，开始盈利。

这里非常鲜明的案例便是 360 的三级火箭了，接下来让我们来一起复盘一下。

第一级火箭：做了免费的安全套装。

360 在一开始主推两个产品——360 杀毒与 360 安全卫士。而这一安全套装当时在市面上已经有很多的竞争对手，如金山杀毒软件、江民杀毒软件等。而杀毒软件都是付费的。360 作为一个刚入行的新生企业，为了打开局面，便利用"免费"这一"大杀器"，成功将收费杀毒软件市场攻占了下来，一下占领了杀毒软件市场将近 80% 的安装量，并且开始源源不断地获取新的用户。

第二级火箭：引导用户安装 360 浏览器。

而当 360 安全套装已经拥有了相当大的用户规模之后，360 便开始引导用户安装自家的浏览器。而由于浏览器天然自带高黏性属性，这里也就完成了流量留存的重要战略部署。

第三级火箭：通过导航和搜索盈利变现。

而通过 360 浏览器的市场部署，360 浏览器在被用户安装后成为一个大规模的高频应用。而这个时候360 就在考虑，有了浏览器这么大的一个可拓展的场景，到底要如何进行变现。

当时有一个商业模式已经很成熟了：导航广告位出售与搜索引擎广告。当时有一个非常出名的网站叫作 hao123，它利用当时非常流行的导航页将各个广告植入其中，推荐用户去点击这些广告，一年的营业收入也相当可观。但是大家别忘了，导航是基于浏览器存在的。360 在有了浏览器之后就一举复制了这个模式，通过浏览器默认自家的导航页——360 导航，并在自家浏览器的搜索引擎植入广告，而由于浏览器的天然黏性与用户的高频使用特性，短短半年360 导航的风头一举盖过了hao123。因此，通过浏览器，360 终于找到了能够带来盈利的第三级火箭——**导航和搜索**。

接下来就很简单了：360 浏览器继续采用这样的"打法"，将默认首页设为 360 导航，在上面布满了密密麻麻的广告位，并将导航页最显眼的位置留给 360 搜索框。至此，360 的三级火箭全部打造完成。

我们读懂了这个案例后，就可以去想想在互联网圈中为什么有些应用不仅免费还愿意花巨资进行广告宣传以让更多用户来免费使用。这一切就是因为这些产品的目的就不是变现而是获取用户从而抢占入口，后面有一系列产品功能可以帮助实现商业化目的。

例如，微信在刚推出的时候，从某种意义上是以免费模式向旧时代产品——短信服务宣战，结果也很鲜明——微信以摧枯拉朽之势完成了主流通信市场的抢夺。而这个时候很多人开始担忧微信会不会收费，但实际上现在我们再来看，微信完全是将聊天功能作为火箭模型的第一级以获取与留存用户，而在朋友圈广告、支付等其他板块进行产品导流的。

通过这一步就能得出产品的第一个产品画像，也就是公司对产品在产品线中的定位。具体来说就是判断产品在产品线中的层级与所起的作用。我们在这儿可以将上面的三级火箭理论对应起来，得出如表 9-1 所示的公司内部产品画像。

表 9-1　公司内部产品画像

序　号	产 品 层 级	产品线作用
1	第一级	流量获取
2	第二级	流量留存
3	第三级	流量变现

例如，支付宝推出蚂蚁森林板块，这一板块与支付宝的主营业务个人资金管理无关。但是这一板块却在很大程度上扩大了支付宝这个 App 的使用场景。例如，很多用户只将支付宝作为一个理财工具，所以会存在这样的现象——这群用户两到三天才会上线看一次自己的收益或者有些用户一个月才会上线一次去管理自己的资产。而一个 C 端产品如果不能让用户投入更多的时间在自己的平台上，那么就意味着用户不可能为这个平台带来很大的价值。

但是支付宝通过蚂蚁森林这种随时随地都可以参与的游戏功能，将用户的低频操作（如资金管理、支付等）转换为了相对高频的操作。这样大大提高了用户的留存率与黏性，为应用内部其他部分的用户变现板块带来新的可能。可以说，蚂蚁森林这类的非支付业务板块就是支付宝整个火箭模型中的第二级火箭，用以流量留存。

（2）各产品的用户群情况

站在产品线的整体视角看完了产品定位后，我们接下来以 C 端产品商业模式中核心的指标——用户作为视角，从用户维度来对产品进行快照。

肯定有同学要问了：为什么要这么做呢？对于 C 端产品，我们都知道用户是产品的核心。同样地，精细流量运营的首要出发点也是满足用户在核心价值场景的多选择性。举例来说就是：对于一款含增值服务的应用，对于你的核心场景之一的用户付费，你首先要保证 App 尽可能多地支持多种支付方式，而不是让用户经过层层跳转，多次引导用户购买服务。好不容易让用户做完了购买前的思想斗争，在用户准备支付时却发现应用只支持微信支付，导致在最终环节让已经要付费的用户因为没有对应的支付渠道而流失。

而在现实中一些企业在付款渠道选择决策中，还就是会因为支付宝的渠道费用较高索性就不接入，希望用户能只用微信支付，但实际上很大一部分用户就是不用微信作为主网络资金账户的用户，此时企业的行为就剥夺了用户的选择，随之而来的也将该类用户排除在外了。理论上企业决策者应该主动反思：为了多挣一小部分手续费而直接流失一笔订单，这种决策是否真的值得呢？

既然我们不能拒绝用户多样化的要求，那是不是我们就可以对用户进行"放纵"，满足用户的所有需求呢？这么做就有点极端了，我们需要满足用户的多种选择，不过对于差异大的群体，可以通过设计不同细分产品去满足不同类型用户需求即可。

而在我们用产品承接了不同的用户后，此时要做的还是让用户一步步达成我们的商业目标，所以在不同的产品阶段企业都会对用户有不同价值的指标化要求，因此需要结合上一步分析产品在产品线中的作用后，为当前用户确定核心指标，并引导用户完成。

怎么理解呢？简单来说就是在不同的时期我们需要用户去做不同的事，产品刚上线时希望第一批用户尽可能多地使用产品并发现产品的问题，为后期大规模引进用户夯实基础，这里的核心指标就是产品体验度。而发展一段时间后有了足够的用户量，此时我们希望用户尽可能多地使用我们的付费服务，比如购买会员、点击广告等，从而达成我们的盈利目标，这里的核心指标就是付费。

所以我们就得出了用户的核心价值指标：

核心价值指标 = 当前产品阶段识别 + 用户应达成目标

我们再放大一点视角，就任意产品的用户群来说，用户群就像一个蓄水池，两边有两个水管，一个不断蓄水，一个不断出水，首先我们要判断的就是当前产品的用户量变化。

在这里为了好理解，我们可以先通过**新增用户数**与**用户流失数**这两个指标来判断大体用户群状态：

♫ 新增用户数大于用户流失数：产品处于高速发展阶段，用户体量保持住增长态势。

♫ 新增用户数与用户流失数持平：产品处于成熟稳定阶段，需要为产品寻找新增长源。

♫ 新增用户数小于用户流失数：用户体量处于下滑阶段，很多用户在体验后觉得无法满足需求并抛弃了软件，此时最重要的事是进行拉新与留存。

完成用户群的判断后，我们下一步要判断的就是我们要让当前产品的用户群体进入生命周期的哪个环节。

一般普通用户生命周期，指的是用户对产品从使用到最终流失的整个经历，具体可分为以下 5 个环节：

♫ **用户感知**：用户从外部环境获得有关应用的信息。例如，通过线下人流密集区广告投放，线上话题传播。

♫ **用户转化**：游客完成身份转变，成为本产品的用户。例如，在获知广告后成功通过交互入口（二维码、链接等）完成下载并进入应用。

♫ **用户核心事件触发**：用户在产品使用中触发了本阶段的核心事件。例如，对社交类应用，完成加好友并发送消息；对电商类应用，成功完成下单购买流程。

♫ **用户留存**：用户从接触产品后，持续使用该产品，最终成为公司价值的持续贡献用户。

♫ **用户流失**：这部分用户未登录和访问本产品的时间超过流失周期。

而在不同的产品定位中我们需要让用户进入的环节是不同的，因此上面的表格就可以扩充为如表 9-2 所示的表格了。

表 9-2　用户生命周期要求

序　号	产品层级	产品线作用	需要生命周期环节
1	第一级	流量获取	用户转化
2	第二级	流量留存	用户留存
3	第三级	流量变现	用户核心事件触发

这里我们补充一个对陌生业务快速熟悉的方法。作为中台产品经理，你必须熟悉每条业务线的发展情况与目标，而在这之前可能你只是某条垂直业务线（如订单端、物流端等）的产品经理，而这个时候一下要去分析公司的全局业务，很有可能对很多之前陌生的业务（如客服线、财会线等）不理解，此时为了保证能快速地对全公司产品线的业务场景建立起正确的系统认知，我们可以采用"5W1H 分析法"快速熟悉业务场景。

我们先来介绍下什么是 5W1H 分析法。

"5W1H 分析法"也称六何分析法，最早是从美国政治学家哈罗德·拉斯维尔提出的"5W 分析法"发展而来的，一开始适用于企业生产项目的管理，经过不断发展迭代形成今天的"5W1H 分析法"。

具体来说，"5W1H 分析法"是一种思考方法，也可以说是一种创造工具。它通过对选定的项目、产品或流程从对象（What）、目的（Why）、场景（Where）、时间（When）、用户（Who）、方法（How）这 6 个方面抛出一系列问题来进行主动思考：

　　♫ 对象（What）：当前公司生产什么产品？本业务线生产什么产品？为什么要生产这个产品？对公司的战略发展起到什么作用？如果本产品不能达到既定目标，是否可以更换生产其他产品？基于未来目标，公司到底应该生产什么？

　　♫ 目的（Why）：本产品要解决什么问题？客户的问题是什么？本产品和其他产品有什么不同？

♫ 场景（Where）：用户场景在哪里？为什么要在这个场景使用产品？如果更换场景，产品是否还能提供问题解决方案？最适合本产品的场景应该在什么地方？

♫ 时间（When）：当前产品的主要使用时间范围是什么？用户何时会使用产品？占用户的时间的长短？其前后的时间内进行的操作是什么？

♫ 用户（Who）：现在这个产品的主要用户群体是谁？用户群体为什么会偏好本类产品（其黏性点在哪儿）？是否拓展过其他用户群体？其他用户群体是不是也可以使用本类产品？

♫ 方法（How）：现在我们是怎样来实现需求解决的？为什么用这种途径来解决？有没有别的方法可以实现？不同的方法在实现中有什么优劣？

也就是说，当我们接触不同业务线时，针对这 6 个维度不断询问自己问题即可，在这一系列问题中完成对这个业务的具体化梳理，并通过这一系列的维度使对业务思考的内容深入化、科学化。

为了更好记忆，我帮大家进一步精简了这 6 个维度的 24 个问题，5W1H 常用问题如表 9-3 所示。

表 9-3　5W1H 常用问题

维　度	现状如何	为　什　么	能否改善	应该如何改善
对象（What）	生产什么产品？	为什么生产这种产品？	是否可以生产别的产品？	究竟生产什么产品？
目的（Why）	目的是什么？	为什么是这个目的？	有无别的目的？	究竟是什么目的？
场景（Where）	在哪里使用产品？	为什么在那里使用？	是否在其他场景中使用？	究竟在哪里使用？
时间（When）	何时使用产品？	为什么在那时使用产品？	是否在其他时间使用？	究竟何时使用？
操作员（Who）	谁来使用产品？	为什么是他们使用？	其他人是否也会使用？	究竟谁来使用？
手段（How）	怎么使用产品？	为什么如此使用？	有无其他使用方法？	究竟怎么使用？

通过这一系列问题，我们可以得出一份当前业务线的产品功能矩阵，主要包含本业务线产品的各功能模块有哪些、各功能的定位和表现是什么样的，如图 9-3 所示。

我先来为大家介绍下这个矩阵，矩阵横轴表示该功能的留存率，越往右代表这个功能产生的用户黏性越高。矩阵纵轴表示活跃用户占总用户的比例，也就是某一单位时间内使用此功能的用户数除以整个应用此时的活跃用户数得到的比值，矩阵中越往上代表着活跃比例越高。

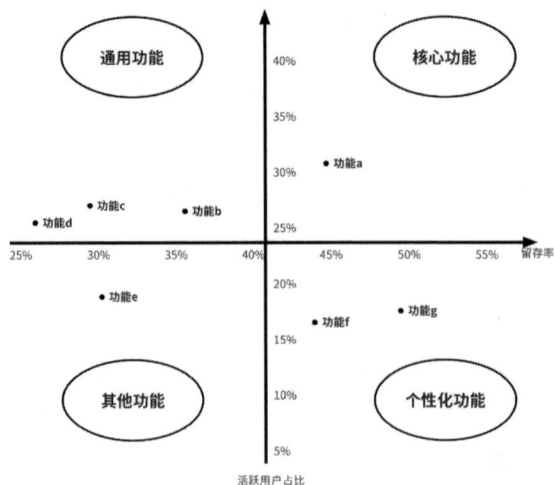

图 9-3　产品功能矩阵

将各个功能的数据进行统计后，我们代入这个矩阵就可以看到不同的功能在矩阵中的位置分布，具体分为以下这 4 个象限：

♪ 核心功能：指活跃用户多、留存率高的功能，意味着绝大多数的用户都会高频使用，这就意味着它在产品中属于主流程功能，在中台建设中必须要将其吸收到中台架构中。

♪ 通用功能：指活跃用户多但是留存率不高的功能，意味着该功能处于应用的流量关键入口区域，但是功能设计得有问题，此时我们需要分析为什么用户愿意进入使用与为什么无法留存用户，在找到问题后移入中台开发需求并进行整改。

♪ 其他功能：指活跃用户少、留存率也低的不常用的功能，此时我们就应该将其放置在业务线中，由业务线自行选择下线或者功能优化。

♪ 个性化功能：指活跃用户少、留存率却很高的功能，如为专家用户开发的高级配置功能，对于"小白"来说体验完可能就放弃了。这些功能由于是为小众用户服务的，所以在中台归类时我们可以酌情考虑是否放入中台。

通过这个矩阵的划分，我们在后面评估中台需求优先级时可以得到重要的参考。

9.2 业务中台化抽象

完成了对产品定位与用户这两个产品外部因素的分析后，接下来的重头戏就是我们需要深入各条业务线的内部去研究各个组成部分，也就是对每个产品的功能模块进行挨个拆解，从而得到我们公司的颗粒度最小的基础单元，为下一步中台业务数据模型提取做好准备。

之所以这样做，就是因为在现在的公司中一个产品的各个模块实际上是由不同的团队进行研发并最终合并成一个 App 的。举例来说，在电商内部，为了实现用户去搜索商品这一个功能，背后至少需要有商品中心、搜索中心、订单中心、库存 4 个团队交织参与才能完成。

所以在这种情况下，如果粗糙地按照业务进行划分会导致中台建设过度"粗糙"，此外难免会有一些团队在信息不对称的情况下进行功能的重复性建设。例如，我们梳理一家电商平台的需求，如果按照业务划分，那么自营电商的订单模块与第三方电商的订单模块会被划分为两个模块，但是本质上这些在中台中完全可以合并为一个订单模块。

而我们去进行整个产品的全部功能拆解，就是为了找到各个模块的共同之处，从而将这些共性部分提炼出来，这样就能保证我们站在整个公司的视角去思考整体的解决方案。只有这样，我们才能避免在思考中台需求时漫无边际地将各个应用中的任意需求都加入中台规划。

所以说来，在中台建设里广泛存在这两个问题：

- 添加的需求为了能适配不同的前端业务线，不能是具体的功能而应是能力。
- 我们要将哪些功能添加到中台的需求池中，避免将中台建设为另一个"小后台"。

这里解决问题的方法就是对各条业务线的功能进行拆解，拆解出一个个的能力。例如，对一个商品模块，我们可以拆解出商品品类管理能力、价格管理能力、商品标签管理能力这 3 个能力。

那么又要如何进行高效又无遗漏的模块拆解呢？这里我推荐大家使用**动作分析法**来进行拆解工作。

所谓动作分析法，**就是将任意模块拆分为某个人为了完成某个事件而需要在应用中做哪些动作**。进一步说，这个方法在本质上就是将任意一个业务需求拆分为 3 个步骤，如图 9-4 所示。

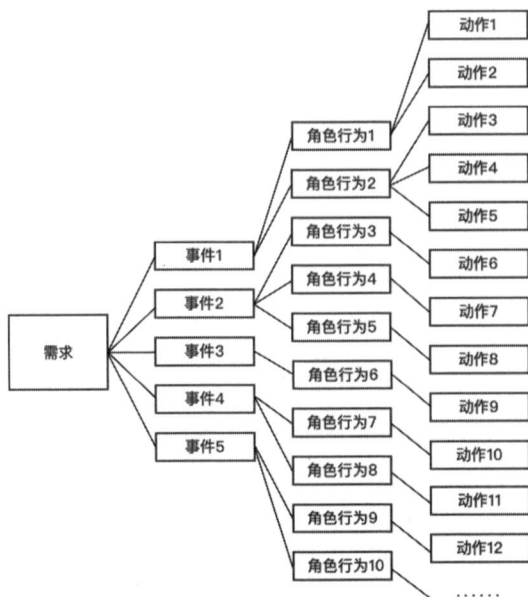

图 9-4 动作分析法示意

每层级拆分原理解释如下：

- **事件**。例如，登录流程可以被拆分为如下事件：本人校验事件；个性化配置载入；进入页信息灌装。

- **角色行为**。这里包含两个概念。一个系统可以理解成多个角色交互的结果，如一个本人校验事件涉及登录用户、软件系统两个角色。而行为指事件拆分后每个角色应该完成的步骤。继续以登录流程中的本人校验事件为例，可以拆分出 5 个不同的交互行为。

♌ **动作**。动作是用户在应用内的每一次操作，如点击返回键、敲击键盘。若干动作就组成了一个行为。动作是我们思考与拆解流程的最小维度。

例如，我们对登录模块进行分析：

第一步，将这个模块拆分为两个角色，分别是登录用户与业务系统；

第二步，继续拆分可得到两个事件——用户账户信息输入，账户与密码正确性校验；

第三步，再将以上事件拆分为账户信息输入、校验事件触发、账户信息异常判断、校验结果返回、下一事件联动（如进入首页）。

综上，我们便将一个登录模块拆分为两个角色、两个事件、五个动作，得到如图 9-5 所示的完整流程。

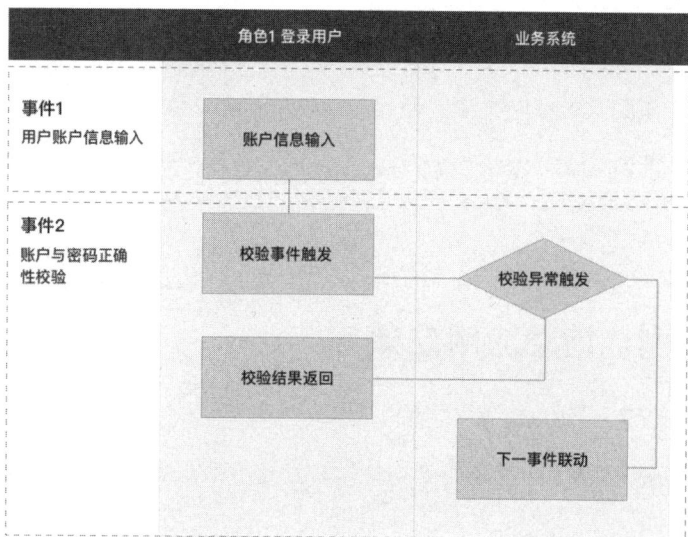

图9-5 登录业务流程

在成功将模块拆分为以用户为角色的动作之后，下一步通过将各个节点中不同角色的输入、输出进行统一，我们就能很快找到整个系统中我们所需要提供的最密集的能力是什么。

还是用 App 中的登录模块举例，可以发现如下的现状：在登录注册中，我们需要向用户提供身份认证与用户首页配置查询功能（根据用户权限而显示首页模块，如给员工显示基本界面，给管理员显示带有统一看板的界面）；而当用户点开某模块时，我们又需要向用户提供身份认证并按角色配置查询功能，查询用户是否为 VIP 用户等。

通过这几点的分析，我们就可以将系统中用户身份认证与用户配置这两个使用频率比较高的部分进行统一抽象，使其成为中台的一个能力模块。

此外在第 8 章我们也提到了中台建设中会遇到这样的现象，就是公司内部若干条业务线对于同一个功能有完全不同的使用场景存在，这个时候我们的中台模块提取是以哪个场景作为核心对象的？

此时在本章最开头我们分析出的业务线在整个公司商业模式中的地位就派上用场了，那些能为公司变现的业务模块应该是中台优先归纳和剥离的，随后其他不同的业务线都应该向此类模块集中。至此，针对某一个具体场景的抽象方法我们就介绍完了，接下来我们需要做的就是针对全公司的业务进行逐个分析。

9.3 案例：地图应用抽象

为了更好地理解产品画像与流程抽象，在这儿我们以一款真实的地图类应用为例。

产品背景

a. 产品终端：App。

b. 一级功能：地点查询、路线导航、公共交通乘坐指南、地理位置周边发现、在线打车。

c. 用户数据：选取 9 天内无任何投放活动的自然流量下的用户数据，如图 9-6 所示。

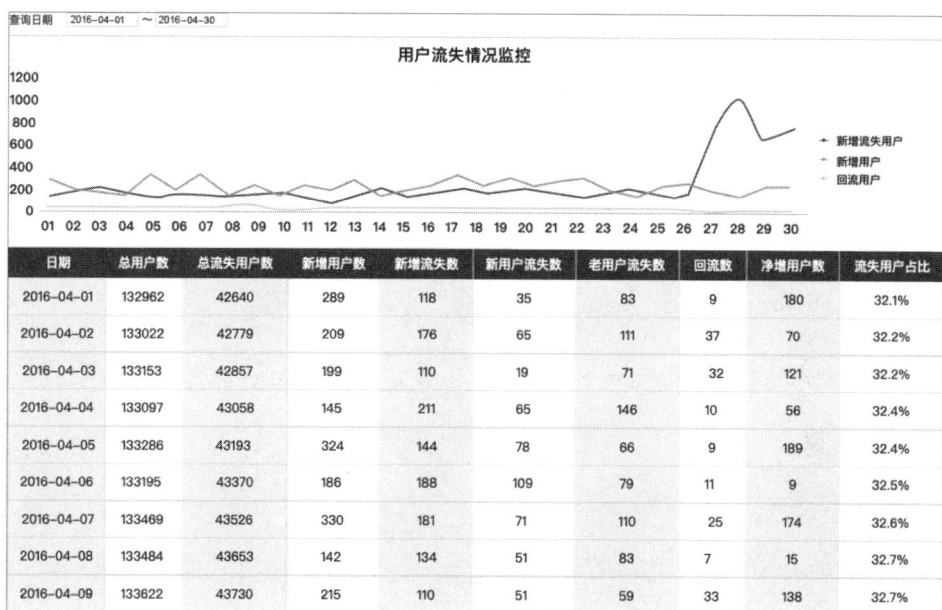

日期	总用户数	总流失用户数	新增用户数	新增流失数	新用户流失数	老用户流失数	回流数	净增用户数	流失用户占比
2016-04-01	132962	42640	289	118	35	83	9	180	32.1%
2016-04-02	133022	42779	209	176	65	111	37	70	32.2%
2016-04-03	133153	42857	199	110	19	71	32	121	32.2%
2016-04-04	133097	43058	145	211	65	146	10	56	32.4%
2016-04-05	133286	43193	324	144	78	66	9	189	32.4%
2016-04-06	133195	43370	186	188	109	79	11	9	32.5%
2016-04-07	133469	43526	330	181	71	110	25	174	32.6%
2016-04-08	133484	43653	142	134	51	83	7	15	32.7%
2016-04-09	133622	43730	215	110	51	59	33	138	32.7%

图 9-6　自然流量下的用户数据

步骤 1：产品画像分析

画像一分析：产品线中各功能的地位分析，如表 9-4 所示。

表 9-4　产品线中各功能的地位分析

序　号	产品功能	产品线作用
1	地点查询	流量获取
2	路线导航：公共交通乘坐指南	流量留存
3	在线打车	流量变现

画像二分析：产品用户分析

♪ 我们通过图 9-6 可以看到，9 天的新增用户数的平均值约为 227 人，而新
用户流失数的平均值约为 60 人，显然新增用户数 > 新用户流失数。

♪ 根据数据来看，产品的用户量明显处在快速增长的态势。

步骤 2：节点拆分

我们以在线打车功能进行流程通用性抽象，按照动作拆分理论，我们可以拆分
出如图 9-7 所示的结果。

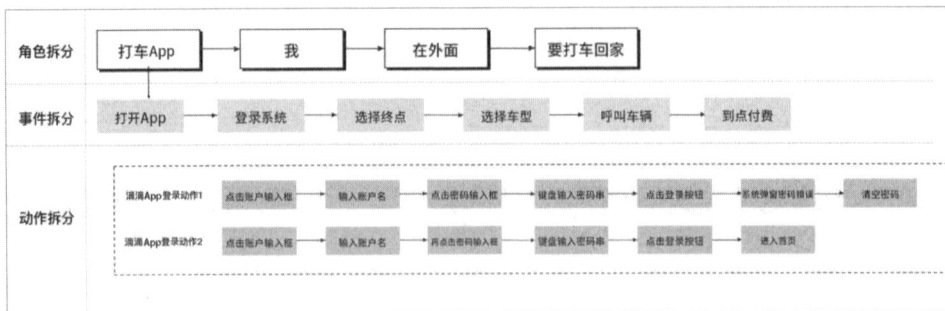

图 9-7 打车需求拆分示例

步骤 3：节点信息流分析

让我们对在线打车里的各事件节点信息流进行一下梳理：

♪ 登录系统（2 个主要信息项）：个人密码校验、个人账户信息（昵称、
ID、联系方式、头像）。

♪ 选择终点（2 个主要信息项）：终点地理信息、路线信息查询。

♪ 选择车型（1 个主要信息项）：车型偏好信息（在应用中选择了打车
模块）。

♪ 呼叫车辆（3 个主要信息项）：乘客信息（账户信息）、司机信息、司
机地理信息。

♪ 到点付费（4 个主要信息项）：路程地理信息、账单信息、个人账户评

价信息、司机评价信息。

此时如果我们将上面的 12 个信息项进行归类，并统计下各节点的信息项重叠次数，可以得到如表 9-5 所示的结果，也就是我们前台业务所需要的能力。

表 9-5 节点信息流统计

序　号	模　块	信　息　流	重　叠　次　数
1	用户中心	账号信息	4
2	位置管理中心	起始点、路线信息	4
3	司机中心	司机信息	2
4	支付中心	账户信息	2

所以根据这份表格的结果，可以先将用户中心、位置管理中心这两个相对高频的模块进行剥离，使其成为公共模块。但是这里得到的结果还不能立即作为中台建设需求，还需要进行处理，我们将在第 10 章具体介绍。

9.4　中台方案框架

上面这几步的拆解与分析，实际上就是让我们根据现状去抽象出现有各条业务线的能力模型，从而帮助我们在中台搭建的时候能清楚地了解自己的家当有多少。接下来我们就可以根据抽象结果代入到中台方案框架去生成适合自己企业的中台方案。为了能更清楚地讲解，我将分为两章来讲，此处先介绍中台方案框架的定义，第 10 章将介绍如何应用这个框架。

具体来说，整个框架共分为 3 步，如图 9-8 所示。

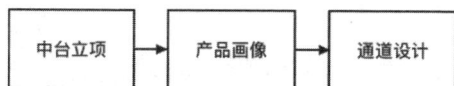

中台立项 → 产品画像 → 通道设计

图 9-8　中台方案框架设计步骤

第一步：中台立项

首先，我们需要向公司高层申请中台项目的立项。在完成后我们要根据上面所提到的"三级火箭"运作公式来找到公司的商业运作方向，这也就成为中台建设的目标，接下来就要在这个目标框架的基础上来看一看哪些需求能支撑我们去达成这个目标。

第二步：产品画像

前文也提到了，对于中台的建设，最忌讳的就是中台成为所有业务线的外包中心，将所有业务线的需求全部揽到了自己的身上。所以要想排除大而全的过度设计，一定要站在企业战略层面去思考中台，因此在这一步我们就可以通过产品画像来对公司的产品线与用户建立正确的认知，对产品核心方向进行规划，从而完成中台的需求分析。

比如，我们对公司内部的分析在产品线中定位了当前时期，产品线内各产品和功能模块分别起到第一级和第二级引流与留存的作用，通过这一步确定了中台的两个需求范围模块——流量留存与流量变现。

同时在用户生命周期中确定了当前时期引导用户的核心环节为用户转化与用户核心事件触发两个部分，所以通过这一步确定了中台的用户维度的需求范围模块——用户核心事件触发。

此时我们的中台框架就添加了如图 9-9 所示的 3 个需求范围模块。我们已经初步确定要把哪些内容放入中台。

图 9-9　中台需求范围模块添加

因此通过这两步分析，我们也就确定了中台功能范围的大小与功能属性。

第三步：通道设计

在确定完中台的功能范围之后，我们就要根据抽象的中台方案框架将企业中的各业务线能力拆分成为节点。这里我们就需要一个判断节点是否为共性节点的方法，即对节点输出的信息流进行归类，当有多个节点输出的信息流相同时，就可以进行单独抽离，填充至上一步的需求表中，成为企业的公共服务。

这里也就涉及一个很重要的中台分析方法论——**管道理论**，就是将每个模块中各节点不同的输入、输出进行统一，汇聚成统一的出、入口，从而建立起统一的向外通道设计，如图 9-10 所示。

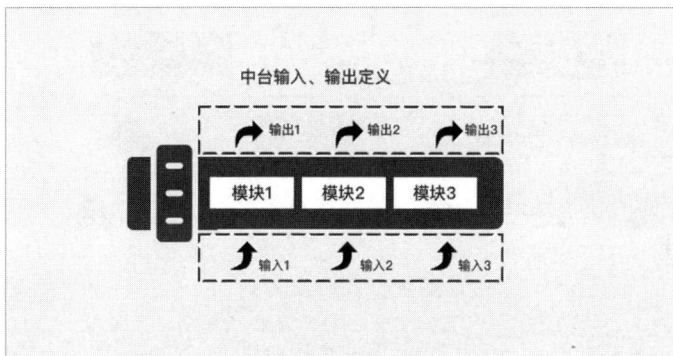

图 9-10　中台输入、输出管道设计

这里需要注意的是，我们在拆解节点时，需要尽可能保证各节点的独立，这样去做节点信息流归类的时候才不会出现冗余。

因此我们必须将业务体系按照 MECE（Mutually Exclusive Collectively Exhaustive）原则来划分一下。在这里有必要先来解释一下这个业务分析时常用的 MECE 原则，这个原则对任何问题的拆解都是行之有效的。

MECE 是麦肯锡第一批女咨询顾问之一的芭芭拉·明托（Barbara Minto）在《金字塔原理》（*The Minto Pyramid Principle*）一书中提出的一个很重要的原则。

MECE 原则的核心就是让我们在面对问题时要能以一种相互独立、完全穷尽的分析方法来分析问题。

这个方法实际上就是要求我们对一个问题找出它的所有构成因素，并且这些因素要相互独立（Mutually Exclusive）、完全穷尽（Collectively Exhaustive）。

例如，在产品经理的工作中常常遇见一种问题事件分析——分析突发的新增用户量下降这一问题。根据 MECE 原则，我们第一步要去找到新增用户量下降这一问题背后的构成因素（如渠道质量、投放事件、转化率等），并在找出的这些构成因素上分析是否可以继续拆分。

我们可以用一张图来总结 MECE 原则，如图 9-11 所示。

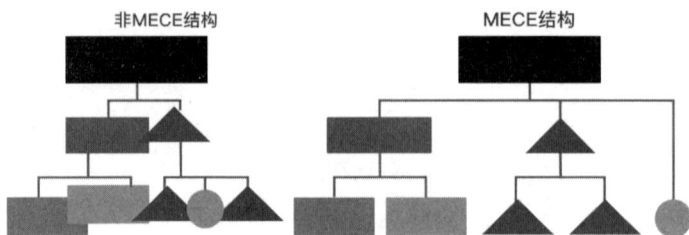

图 9-11 MECE 原则

可以说，MECE 原则为我们提供了一个极好的思考框架，但是要注意：在分析前一定要明确你的目的，分析信息、选定目的再确定范围。

例如，在中台产品设计中，我们对会员积分这个集合进行分析时，首先就需要剥离过度的定义，像在很多平台账户设计中会员的积分与金额会画上等额，所以在对比 MECE 原则来归类时，会员资金账户是不可以划分为"会员在系统中获得的非货币价值奖励"和"货币奖励"的，因为还存在会员积分这一特殊的业务对象。积分虽然不是货币但是在系统中可以抵扣货币，因此在这儿具有了双重身份，两者存在交叠的部分，不满足 MECE 的"完全穷尽"原则，所以这样的拆分就不是独立的。

可以说 MECE 其实是在确定目的和范围的前提下进行拼图，每个小块图形既不相同又能一起拼成完整的一幅图。所以通过 MECE 原则的帮助，我们就可以完成一个标准的业务拆分。

在第 10 章我们就来看看如何具体运用这里的方法搭建一个业务中台。

本章总结

知识点 1：三级火箭

第一级，流量获取：通过给用户补贴进行抢占市场，建立起稳定的流量供给渠道。

第二级，流量留存：将流量用户沉淀至可拓展的高频商业场景中，实现产品方向的演化。

第三级，流量变现：推出核心付费环节，开始盈利。

知识点 2：核心价值指标

核心价值指标 = 当前产品阶段识别 + 用户应达成目标

知识点 3：动作分析法

动作分析法：就是将任意模块拆分为某个人在为了完成某个事件而需要在应用中做哪些动作。

第 10 章

业务中台从 0 到 1 建设路径

在前面我已经为大家介绍了中台的业务梳理方法与基本建设框架，那么从本章开始我们就进入了 MSS 建设模型最后一个阶段——解决方案设计，通过将前面的分析结果加以利用，在此基础上得出一系列完整的中台的设计方案，来指导我们到底要如何进行中台建设。这里我会分为业务中台、数据中台、技术中台 3 个篇章去进行介绍，本章我先为大家介绍业务中台的设计方案。

10.1　企业架构

当我们分析完了业务线间的需求而开始进入业务中台设计阶段时，出现的首要问题便是要如何设置业务中台这一新生系统在企业整个信息化体系中的位置。我们都知道当下绝大多数要建设中台的企业都不是"一无所有"的传统企业，在这些企业中除业务线的系统外，至少存在多套 IT 系统，可能是办公自动化（OA）系统，也可能是订单管理系统（OMS），那么此时中台要如何融入这些系统？需要调用哪些系统的接口？又需要给哪些系统提供数据接口？多个系统之间如何建立起新的联动关系？这些都是中台加入后我们必须考虑的。

面对这些问题，我们就不能再像之前的单一产品线的产品经理一样来看待问题了，而需要将视角转向企业顶端——企业是怎么通盘考虑自己的业务规划的，又是如何确定什么阶段需要什么 IT 系统的。而这其实就是我们的企业架构所思考的范畴了。

10.1.1　企业架构的定义

为了回答业务中台设计这里遇到的问题，我们来看一看企业架构是什么东西。先让我们回顾一下前几章介绍过的内容，在前面我们已经谈过了企业标准化、商业模式、目标行业分析，如果我们把这些分散的"零件"全部组装起来，从某种意义上我们就能得到一个标准的企业架构。

对于一个企业来说，企业架构就是一种管理业务生产各个要素之间关系的集合。通过这样的组合，我们能在保证利润的前提下去生产产品以满足特定行业细分市场的需要（包括现在的需要与未来的需要）。为了这样的目标，我们雇用了不同类型的人员去完成生产、研发、销售等企业不同环节的工作，又通过一些管理制度和信息化软件去实现企业内部的管理。

所以企业架构的定义就是对一家企业的生产、销售、市场流程、管理方式的建模。一般来说，企业架构主要分为两大部分：业务架构和 IT 架构，如图 10-1 所示。

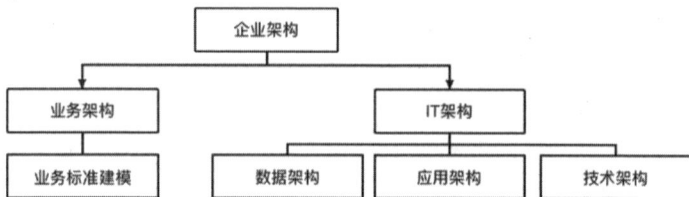

图 10-1　企业架构总览

（1）业务架构

业务架构就是指我们公司的整个业务运转模式是什么，比如我们是一家饮料生产公司，我们是如何将水、糖等配料最终制作成一个带有包装并印有公司标识的饮料，并实现从工厂交付到用户手中的整个流程的。

具体来说，业务架构包含运营模式、组织结构、生产流程等内容，而在这里就是在前面几章所介绍的企业标准化与企业商业模式的内容。

（2）IT 架构

在开头我已经说过当下任何一个企业都已经无法和信息化脱离，企业内部或多或少都有若干套信息化系统去帮助企业管理运营和生产流程。所以 IT 架构就是指面对企业的业务架构，我们要如何联合这些信息化系统建立起一套标准的系统群去帮助企业实现更高效的内部管理运营，帮助企业更好地进行生产、销售、运营等活动。

所以对 IT 架构，我们可以理解为企业用于建立企业信息系统的施工图纸。这里 IT 架构由数据架构、应用架构和技术架构 3 部分组成，通俗理解就是对应公司中的业务数据、前台产品与代码。

10.1.2　企业架构的作用

在企业刚刚诞生的时候整个组织规模还很小，但由于企业经营范围也很窄，所以此时我们不需要设计系统与系统间的协同配合就能梳理整个企业的战略与市场经营方式，这其中最关键的就是因为整个企业可能就只有一到两个业务系统。因此所有的企业决策与管理只需要由老板在自己头脑中思考便可以轻易决定。

但是随着企业的不断发展，公司内慢慢地出现了数十个部门、若干个事业部，任何一个工作都变成了若干个部门相互配合才能完成，此时我们就需要一个架构来统一协调与管理各个部门之间的配合，从而在我们进行决策的时候能有依据，这就是企业架构的核心作用。

让我们再拆分得细一点来看：

- ♬ 作用 1：创新。企业架构帮助我们梳理了企业内部的业务流程与目前整体业务的信息化程度，从而使我们可以轻松掌握公司内全局资源的分布，来帮助快速实现业务推进。

- ♬ 作用 2：提效。经过设计的企业架构能打通各业务单元边界，使得部门间的流程可以充分融合。

- ♬ 作用 3：降本。在系统增减决策中，参照企业架构可以避免系统的重复性开发，从而充分利用现有系统资源。

10.1.3　企业架构与中台

讲明白了企业架构的定义与作用后再看我们一直所谈的中台，本质上我们新建的中台属于企业架构中 IT 架构层面的产物，之前划分出的数据中台、业务中台与技术中台对应企业架构里 IT 架构部分的数据架构、应用架构与技术架构，如图 10-2 所示。

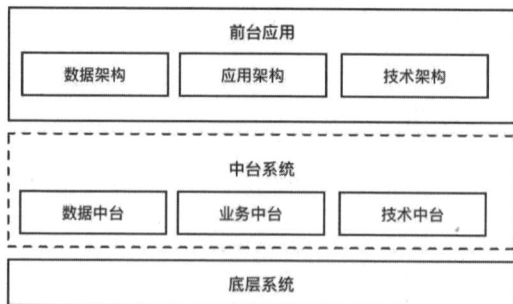

图 10-2　中台加入后的 IT 架构

因此，我们可以说中台系统在企业信息化中是承接前台应用与底层系统的重要桥梁，它的定位就是帮助前台业务封装底层系统接口并形成一个中间层。

10.2　业务中台建设的启动

10.2.1　建设模式选择

在现有的公司启动中台建设就像建造航母一样，第一步是选择中台的项目组装模式，也就是选择是要在某一家造船厂让一群工人一口气建造完一艘航母，还是将航母分割为多个模块交由不同的造船厂分开建造，而在这里只进行最后的拼接。也就是说，在中台建设时，我们是选择完整式建设，还是选择分布替换式建设。

♪ 分布替换式建设：是指我们对业务系统内的模块一次一个地进行改造重建，最终将所有综合架构实现中台化。这种建设模式的好处是可以不断根据业务需要进行抽象，而坏处也是显而易见的，就是整个业务中台完成建设的周期将比较长。而现在很多启动中台建设的公司一般都选择了这种模式。

♪ 完整式建设：就是指从企业中单独开始建设业务中台。我们先保留原有的业务系统并使其正常运行，再单独启动一个新的项目，逐步沉淀原业务系统中的代码与成熟业务，在完成中台建设以后，保持业务前台不变，将中台作为一个新系统嵌入原有的 IT 架构，并让原来前台业务与后台的接口调用关系逐步由中台接替，来实现整个 IT 系统的改造。这种模式的好处是一切从零开始建设，对于中台研发人员来说可以快速完成代码实现而不需要去梳理其他业务代码。不过缺点是我们需要单独用一套系统从零翻新公司的所有项目，建设成本比较高。

这两种建设模式可以说各有利弊，大家可以根据自己的实际需要来选择中台建设模式，但是要注意的是我们在开始中台建设前就必须将其确定下来，并在建设过程中不要轻易更改。

10.2.2 中台用户优先级

确定了建设模式后，还需要对中台所服务的用户进行划分，从而确定响应优先级，以保证中台团队可以有的放矢地进行研发。此处的"用户"指的就是我们在用户调研中选定的各条业务线。我们常用的中台用户划分方法是三层划分法，也就是将各条业务线分为如图 10-3 所示的层级。

图 10-3　中台用户划分

　　通过对用户分层，我们就可以将中台建设过程中的需求优先级确定下来，同时为不同类型的用户提供不同级别的服务与支持。

　　大家可能疑惑：为什么要这么做呢？要知道，在一个企业内部，不可能所有的业务线都处在盈利的状态，因此业务线在经过一段时间的发展后会自动衍生出不同盈利状况的业务线。第一层级业务线能为公司带来大量的利润，这也是一个公司的主力业务线，而且这里我们也称其业务流程是真正跑通的；而第三层级业务线则是还处于向盈亏平衡点探索的业务线，我们称之为业务流程还未跑通的业务线。

　　将业务线划分完毕后，中台建设团队在面对多方同时提出的需求时，可以优先响应与支持第一层级业务线，在这基础之上再去对其他业务线进行拓展，这样就能应对在中台建设过程中的先后缓急。

　　在这儿我们可以总结一些判断中台需求优先级的基本规则：

- 规则 1：业务线优先。也就是根据业务线所在层级来定义优先级，显然来自第一层级业务线的需求在优先级上是高于其他两级业务线的需求的。

- 规则 2：需求共性程度。这里面包括多个细分的评估层次，如需求是不是核心流程需求，提出需求的是否具有可扩展性，其提出的需求有多少其他业务线也需要。

10.3 业务中台建设路径

下面我们以一家电商公司为例来介绍如何进行业务中台的建设。

假设你是一位电商平台的产品经理，在按照前面几章中的方法完成了中台的行业分析、用户分析后，你向老板提出了当下本公司的中台建设方案，老板看过后对你的中台知识非常赞赏，便将建设一个面向全公司的业务中台的任务交付给你。

此时我们先来看一下整个公司的现状，公司内电商业务分为多条业务线——海淘业务线、自营业务线与第三方商家业务线，此外有一家独立的线下体验中心。了解完现状，我们需要将中台建设的目标进行细化。要想让这 3 条不同的业务线都能接入中台，那么必须在以下两个层面完成统一性的整合：

> ♫ **功能流程层面整合**：定义三者业务的统一的业务模型。

> ♫ **业务数据层面整合**：找出可以对通用模型进行业务描述的基本数据。

也就是说，我们要提出企业中经过多次优化并由大量用户跑通的业务流程，从而为新孵化的业务提供复用。

也就是说，我们的目标就是将这 3 条电商业务线中处在第一层级业务线的模块（如供应链采购、订单分拣等）提取出来。除了做上述业务，我们还可以去做直播电商，而背后用的都是已经被资本验证过的流程。明确了目标后，我们就可以进入中台设计的执行阶段了。

10.3.1 公司全景功能地图

既然要整合业务线模块，我们首要做的就是按照第 9 章的分析方法去绘制各条业务线内的功能矩阵，梳理出公司内现有的各条业务线有哪些功能模块。此外，在这一步，我们需要在原来的结果上继续汇总，得出一个由业务中台部门来统一维护的公司级"产品模块全景地图"。

也就是将公司的各条业务线中的模块进行统一汇总，查看到底每条业务线有哪些模块，其业务线之间的重叠情况又是怎么样的。这也是业务中台建设中不可或缺的一个步骤，就像大家设计一般性垂直业务系统一样，大家需要先对市场上的同类型产品做功能分析，再进行设计。而这里对各条业务线的调研就类似于我们的产品分析。

我们根据现有的业务线梳理出了如表 10-1 所示的电商产品模块全景地图，在地图中我们以"业务线+产品+功能"的形式完整记录一个模块。

表 10-1　电商产品模块全景地图

业　务　线	产　　品	功　　能
海淘业务线	海淘购 App	用户管理
		海外产品管理
		订单管理
		账务管理
		报税管理
		营销管理
		商品转运管理
		客服管理
		海外申诉管理
自营业务线+第三方商家业务线	选宝 App	会员管理
		商家管理
		仓储产品管理
		第三方产品管理
		订单管理
		账务管理
		营销管理
		客服管理
		服务管理

怎么样？看到这样的统计结果，大家是不是感觉有很多看着很相似的功能？没错，这些就是我们要进行整合的。

除此之外，在建设中台过程中，我们经常会遇见的一个问题就是很多时候由于各条业务线之间的封闭，很有可能出现我们刚将某一业务线的业务模块进行剥离并合并到中台架构中后，业务线新建的模块又变成了重复建设。所以这个全景地图除了具有摸清楚当前各条业务线的作用，另一个作用就是保证在未来各条业务线中不会再出现重复建设。我们通过统计各条业务线每周新增的模块开发内容来不断更新这个地图，就可以第一时间发现重复的内容。

但是我们要如何应对通过这个地图监测到的各条业务线中正在建设的部分？又要如何决策这些新增模块是否要归类到业务中台里？比如说我们在某条业务线中新推出了付费会员体系，那么我们如何判断是否要把这一模块进行业务中台化呢？

此时除了判断该模块是否已经被跑通（是否被市场用户接受），我们还要做的就是每次当各条业务线进行新的主模块研发时，可以与该业务线的业务研发人员一起来看新开发的模块与之前的模块之间的相似度是否超过阈值，如果超过一次阈值我们就将其记为一次预复用，也就说明这个模块是公司当前业务中已经监测到重复的一个模块。

那么问题又来了：我们要如何进行相似度对比呢？这里就需要用到一个业务模块的相似度计算公式，也就是通过对比两个模块中的**通道数**来计算相似度。这里的通道就是指模块的输入输出信息。

相似度 ＝（相同输出通道数 ＋ 相同输入通道数）/总通道数

这个公式的意思就是如果不同业务线之间的两个模块所需要的输入与输出信息都相同或大体相似，就意味着这两个模块是有相似度的。

例如，我们以输入通道统计，在海淘业务线与自营业务线中，订单模块都接收用户所输入的商品 SKU（库存单位）、商品数量、商品规格、寄货地址、支付方式，输出订单状态、支付状态，唯一不同的是海淘业务线在订单输入时会存在用户关税处理的相关信息。也就是说，自营业务线的订单模块共有 7 个通道，海淘业务线的订单模块共有 8 个通道，根据相似度公式我们可以计算出：

$$相似度 = (7+7)/(7+8) \approx 93.3\%$$

那么虽然这两个模块是分属不同业务线的，但是我们计算出它们却是高度相似的，可以计入一次预复用。

所以根据这个公式，如果预复用超过两次就有一定的必要去考虑是否可以中台化，需要业务中台建设团队将其抽取出来进行统一维护。

以我本人维护的业务中台需求为例，经过一段时间的维护就得出了一份统计表，如表 10-2 所示。

表 10-2　业务中台需求统计表

序号	原始产品线	模　块	描　　述	预复用次数
1	商品开放平台	活动管理	包含促销活动、拉新活动，载体为 H5 外链模式	12
2	商城中心优惠计算	优惠计算	包含用户满减与优惠券搭配计算，商户开放平台中商户配置优惠促销的设置建议	5

有了这张表，我们就可以按照预复用次数的多少进行排序，次数越多就代表着其优先级与重要程度越高，就可以让我们的业务中台部门进行优先开发。通过这个方法，我们也可以规范业务线的自主开发内容，避免出现中台建设中业务线内部另起炉灶的现象。

10.3.2　核心业务流程抽象

接下来摆在我们面前的问题就是如何根据现有业务建设一个通用模型，以便可以支持不同的前台。像我们这里一共有 3 条不同的业务线，那么到底哪些功能才是这三者通用的呢？

建设通用模型之前，我们要先将第 9 章中遗留的一个问题解答了。大家还记得在

第9章的打车业务线案例中我们利用动作分析法确定了每条业务线具体的标准流程，找到了该业务线内的公共需求模块。那么对于这么多的公共模块能力，我们是否都需要放入业务中台呢？

答案是否定的，通用模型的建设在本质上是建设起全公司业务的一个通用流程，而不是简单地将业务线中的公共需求模块进行堆砌，也只有这样才能让中台的能力边界可控。

所以通用模型的建设方法就是从企业的业务出发去设计一个大体的模块框架，其承载的是我们的核心业务流程。就像面对一棵大树一样，业务中台负责的只是整个躯干的维护，而具体的枝叶由各条业务线完成。

例如，在资讯平台中，业务中台定义出了一个完整的从内容中心编辑内容再分发给不同业务线的不同业务模块的基本流程，而具体的内容展示时到底采用如图 10-4 所示的哪种形式就不需要业务中台去管理了，而是由前台业务线去自己定义维护，业务中台只负责提供数据。

图 10-4　两种数据展示交互形式

所以接下来我们需要做的是以用户视角找到公司不同业务的使用流程，这里和第6章中我们找寻一般业务流程不同的是，我们要聚焦于企业内部，了解用户是怎么使用我们的产品的。此时就要对现有的 3 条业务线依次进行任务程序化、业务线子流程定义，接着在这些分析结果的基础上整合出一个通用业务流程。

具体来看，在案例里，因为我们是一家电商公司，所以我们根本的用户流程就是：用户如何找到自己想要的商品并完成下单。进一步细化下，我们就可以得出这里的两个任务步骤：

♪ 根据第 9 章我们学习的动作分析法来梳理各条业务线的功能流程：梳理自营业务线的下单购物流程；梳理第三方商家业务线的下单购物流程；梳理海淘业务线的下单购物流程。并将各个模块拆分为动作，比如将购物车、商品查找拆分为对应的动作。

♪ 将 3 条业务线的分析结果进行合并，得到最终的业务通用模型。

根据上一任务步骤的产出，经过整理我们可以将一般的电商平台内购物流程定义出 7 个关键节点，如图 10-5 所示。

图 10-5　核心流程

对这个核心流程中的环节进行归类时我们可以发现，这 7 个节点可以聚合为 3 件事，分别是商品查找（售前）、购买决策（售中）和售后管理（售后），此时我们再将从上一任务步骤中拆分出的各个动作填充到这一核心流程，就得到一份完整的公司级核心流程地图，如图 10-6 所示。

接下来根据上面分析的业务流程，我们可以把商品查找、购买决策和售后管理这 3 个流程中的功能细分下来，得到标准业务框架，如图 10-7 所示。

售后管理

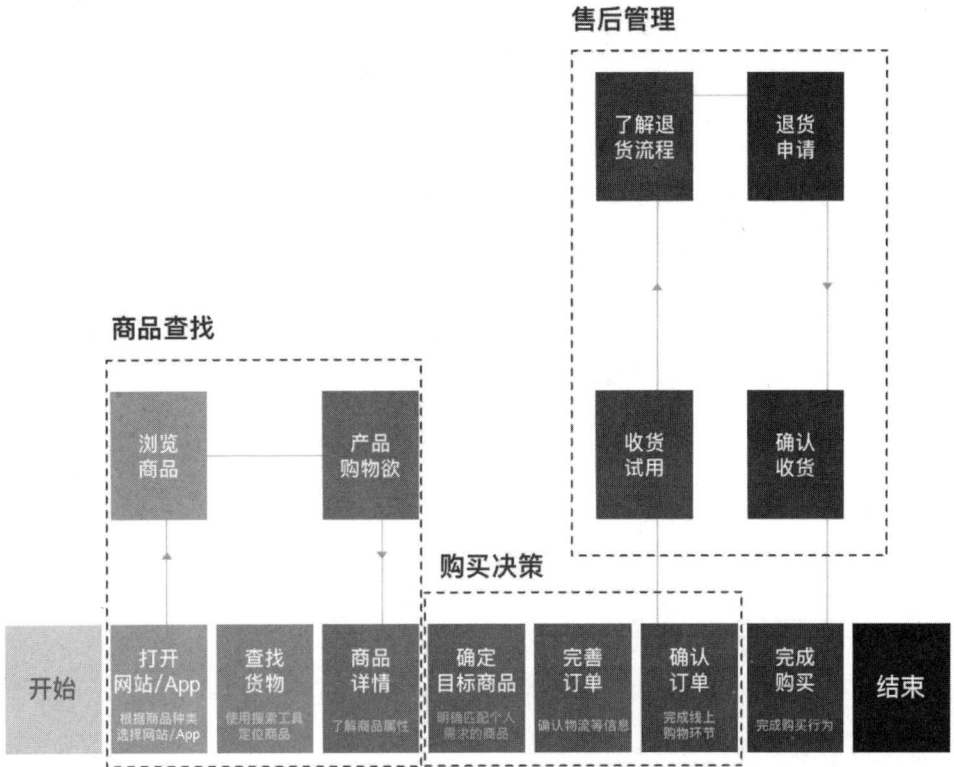

图 10-6　公司级核心流程地图

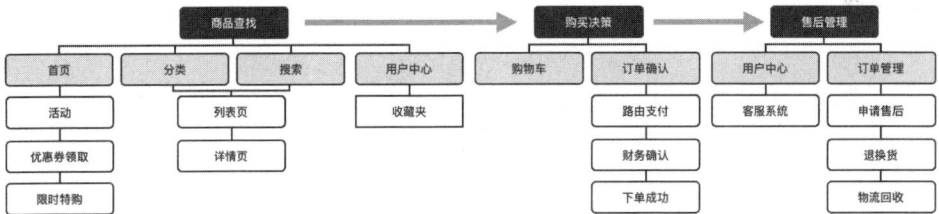

图 10-7　标准业务框架

这样我们就成功将 3 条业务线的通用模型建立起来了，我们可以看到虽然 3 条业务线各自业务不同，但是在剥去那些枝叶后整个业务框架都是图中的这一套。

依据这个模型，我们可以梳理出 4 个我们公司中的核心能力，分别为用户中心、商品中心、交易中心、客服中心，具体功能说明如下：

♫ 用户中心：需要承接前台不同业务线中应用的用户注册信息，同时对于公司中存在面向 B 端商家的开放平台业务特点，我们还需要在用户中心加入商家信息管理的子模块，提供商家注册和信息完善服务；为整个公司提供统一的认证服务，提供多种方式的验证，也为各条业务线中的用户提供在公司层面的通用唯一标识符（UUID），从而使整个公司都可以识别出该用户。

🎵 商品中心：接收来自仓库、供应商、采购系统的商品信息；提供商品基本介绍信息录入，此外提供品牌创建、SKU 编辑等商品标识维度添加管理功能；为订单发货、商品库存管理提供数据回传。

🎵 交易中心：实时处理来自仓储管理系统（WMS）的库存信息，以便完成商品订单的生成等业务活动；在订单生成后根据订单中的商品需求数量向 WMS 发出发货指令。

🎵 客服中心：通过对平台中的用户进行电话回访等方式实现运营推广；管理用户售后需求，监控用户反馈进度；处理部分自营业务的售前服务，承接用户商品咨询服务。

其中我们可以进一步将这些核心能力拆分为公共模块与功能点，得到 1.0 能力开发大纲，如表 10-3 所示。

表 10-3　1.0 能力开发大纲

核 心 能 力	公 共 模 块	功 能 点
用户中心	用户管理	身份识别
		会员管理
		账户存储
商品中心	商品管理	商品编辑
		商品属性
		商品搜索
		商品评价
		商品推荐
		商家管理
交易中心	订单管理	订单列表（平台订单和商户订单）
		订单评论

续表

核 心 能 力	公 共 模 块	功 能 点
交易中心	资金管理	对账管理
		结算提现
	营销管理	营销活动
		规则管理
		话题设置
		内容设置
		优惠券管理
客服中心	客服管理	客服列表
		消息管理
	服务管理	角色权限
		系统设置

10.3.3 企业级数据模型搭建

完成了功能流程级的整合，业务中台终于有了个雏形了。但是当我们信心满满地将这个 1.0 能力开发大纲拿给各条业务线的产品主管评估完后，得到了一致的反馈：我们的业务要怎么和你的中台挂钩呢？

　　♩ 海淘产品线负责人说："用户的海淘订单信息与现有的订单格式不符。"

　　♩ 开放平台线负责人说："第三方商家入驻要涉及新的商家信息管理。"

面对这些声音，下一步我们要做的就是在数据层面上让各条业务线能接入中台。

实际上这里就是要开始进行企业级数据模型（Enterprise Data Modeling）的搭建了。所谓企业级数据模型，是一个企业中的业务规则以及信息管理，也就是说我们的一个完整业务（如下单流程、配送流程）可以被描述成需要用户输入哪些信息、确认哪些信息，并在什么样的信息筛选情况下，可以让用户完成一次业务活动。值得注意的是，这里和之前的不同，是不再以模块来看，而是看整个流程中用户的所有输入、输出信息。

就以我们的自营电商产品线来说，当用户需要购买一个商品时，此时需要获取商品名称、规格、数量、收货信息，确认用户付款，并在有库存的情况下完成。

那么提起数据模型的设计，有过一定计算机学科背景的同学可能就想起要去绘制实体-联系图（E-R图），并试图在中台这里通过对业务对象的划分梳理出实体间的关系，从而去设计业务中台的数据模型。

但是实际上在中台设计里，绘制E-R图就显得有点力不从心了，因为E-R图这个工具只是面向单个系统构建的，它只能去描述一个不重复的领域内的实体关系，而随着业务线的增多，我们的实体间肯定会发生冲突，例如出现多个重复的商品实体。

所以我们在设计企业级的数据模型时，就要横向去分析公司内所有的业务发展情况，这里我们要先依据第7章的方法去梳理出标准业务。

接下来我们就将看似不同类型的业务场景抽象出一个通用的数据描述。我们要去寻找海淘业务线、自营业务线、第三方商家业务线这三者中有没有一个数据模型可以进行统一描述。

首先，我们需要将每一个业务中各自调用所涉及的实体找出来。我们以产品实体为例，将当下这3条业务线中不同定义的不同类型的产品（也就是数据库中存储的字段）进行梳理，得到如表10-4所示的结果。

表10-4　各业务线实体调用

序　　号	业 务 线	产 品 实 体
1	海淘业务线	海外产品
2	自营业务线	仓储产品
3	第三方商家业务线	商家产品

收集完不同业务线的实体之后，我们便可以将其进行统一归类以便形成统一的对象。

有关抽象的方法，我们可以采取向下兼容，也就是将每个实体所涉及的字段与调用操作去重后全部放入抽象出的对象。

这里我们首先以自营产品存储字段为基础，再对比海外产品、第三方商家产品的存储字段，找出不同的字段，如这两种中新增了税费、备案价、第三方商家等字段，将这些字段全部放入新对象，我们将这三者抽象成为新的统一对象——商品。

在很多时候我们还会遇到多个不同的事件对同一个数据实体在不同的场景下进行访问的情况。例如在自营业务线中，用户第一次进入系统时我们会要求用户进行注册，并填写手机号、用户昵称、收货地址等关键信息。此时我们会在数据库中为该用户创建一个对象的实例，如用户 01。注意：此时的业务场景是新用户注册。而当该用户下单购物时可能用户填写的联系方式与联系地址会发生改变，此时我们需要更新用户的信息，虽然此时的场景是下单购物场景，但是在这两个场景中我们访问的是同一个数据实体——用户对象。

而由于这两个操作在同一条业务线内，所以我们能保证对同一个对象实例（用户 01）进行数据更新，但如果我们再对海淘业务线与第三方商家业务线进行分析，我们可以找到很多对同类用户的操作，如海淘中的用户地址变更。在以往过程中，由于我们将海淘业务线的用户与自营业务线的用户在对象数据上相分离，因此每个业务系统都会拥有一份用户 01 的个人信息数据，结果不仅是重复，最重要的是还会出现用户数据不一致的情况。

所以在数据模型的搭建中我们就需要找到各条业务线中的重复操作与重复对象，并将不同业务线中同一事件与实体之间的读写操作进行统一，例如为我们现有的 3 条业务线定义统一的用户注册事件、用户地址修改事件等。

而对于相同的数据集，如这里用户 01 的个人信息，我们在企业数据建模过程中可以将此类对象聚集到同一个主题领域下，比如与订单相关的数据归类为订单主题域，与用户相关的数据归类到用户主题域。那么从企业的角度来说，这些领域中的数据就成为我们的公共数据。

通过这个办法我们就可以将企业的数据模型涉及的数据对象定义出来了，此时也就可以解决我们在第 2 章中提出的数据库中可能有不同的字段名称的问题了。

了解了这里的方法论后，我们将目光转向自己的公司，看看要怎么实践。我们发现，无论从自营平台还是从其他的两个平台，我们都可以将这三者中的数据对象抽离出来，其集合如图 10-8 所示。

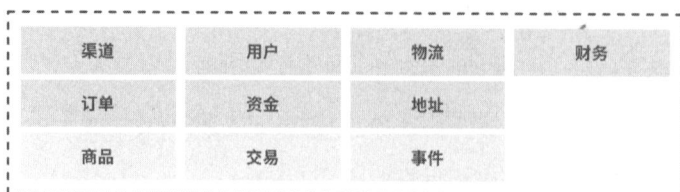

图 10-8　数据对象集合

再下一步我们要做的就是搞清楚在日常业务中这些对象都是怎么联系身边的其他对象的，例如订单的数据会流过商品（商品 SKU、规格、商品数量、商品图片、所属商家）、交易（价格、优惠）两个对象，在经过这些对象加工后，这些数据的次级流向会经过物流（商品派送情况）与财务（收款信息）两个对象。

我们把这些对象之间的数据通路整理出来后，就可以穿越不同前台业务线的迷雾找到藏在功能真正核心的数据变化，在这儿我们将分析结果用网状图（见图 10-9）来表示。

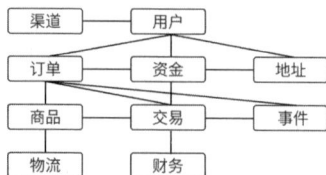

图 10-9　数据对象通信图

我们从图中可以发现，虽然现在 3 条业务线的功能流程各不同，但是它们在数据流向上是统一的，例如海淘业务线与自营业务线都可以将用户订单产生的数据交互定义到商品、交易、事件中。

继续在这个数据对象通信图上进行整理，我们将各个对象主体之间在访问时需要传递的数据汇总一下，就得出了一个完整的企业级数据模型，如图 10-10 所示。

图 10-10 完整的企业级数据模型

进一步将这里的数据模型与之前标准业务模型拆解结果合并，就可以得出业务活动的本质就是：在什么样的场景下开始执行任务（事件），模块需要哪些数据（实体），依据什么样的顺序、规则进行处理，处理之后与哪些对象（实体）产生联系并产生了哪些数据。

各条业务线的负责人看完了你的设计方案，又提出了一个尖锐的问题：海淘商品信息在存储方面与自营商品信息不一样，就算数据通路相同了，流过的数据内容不同，这里不是没办法统一存储吗？

面对这个难题，就轮到下面我们要介绍的业务中台中间件发挥作用了。

10.3.4 业务中台中间件研发

定义完企业级数据模型后，我们就应该进行业务中台中间件的研发了。从概念上说，中间件就是一个公用模块，能供不同的前台调用，例如公用会员管理，它在功能上和业务线中的会员管理没有什么区别，只是中台研发可以让不同业务线接入，业务线中不需要再单独开发，同时也为后面的数据中台建设提前将各业务数据汇聚到一起。

而为了使不同的业务线都能使用这个模块，我们要做的中间件研发的核心就是进行字段的剥离。我们将原来前端业务线中的数据存储拆分为两部分：

数据存储 = 通用数据（中台）+业务数据（前台）

所谓通用数据，就是指能客观描述对象的一个字段，也就是现实世界中能唯一确定这个个体的数据，例如会员模块的通用数据为用户姓名、身份证号、手机号、用户性别、ID、年龄等。

而业务数据是指在各个前台里根据具体场景里的特殊化需求所定义的字段，如用户昵称、用户在本业务中的会员等级等。

在完成这样的数据分割之后，我们就可以将每次访问系统产生的数据分为两部分，将通用数据存储在中台，而将个性化的业务数据依旧存储在前台，形成数据分离存储的模式。

像这里，我们开放平台中的商户可以为自己的会员用户定义会员等级，这一业务场景在业务中台最终落地的方案如图 10-11 所示。

图 10-11　数据分离式存储结构

这个时候对于前台业务来说，当我们需要开发会员模块时，只需要接入中台的会员模块，并在中台的会员模块数据基础上去根据自己的业务扩充数据字段。这样既可以享受中台会员模块所现有的功能，如会员新增、删除、修改，又可以通过存储在前台业务线中的会员业务数据实现在当前场景下的会员特殊功能，这就是中间件的设计核心。

接下来我们就需要批量对原业务中的模块调用关系进行梳理，来规划出前台业务线与原后台的调用关系业务流，例如在自营业务线中我们是在什么场景中调用会员中心数据的，将原业务线中内部自研的会员中心服务切换到业务中台的会员中心。

我们对现有的 3 条业务线进行分析便能得出如图 10-12 所示的分析结果。

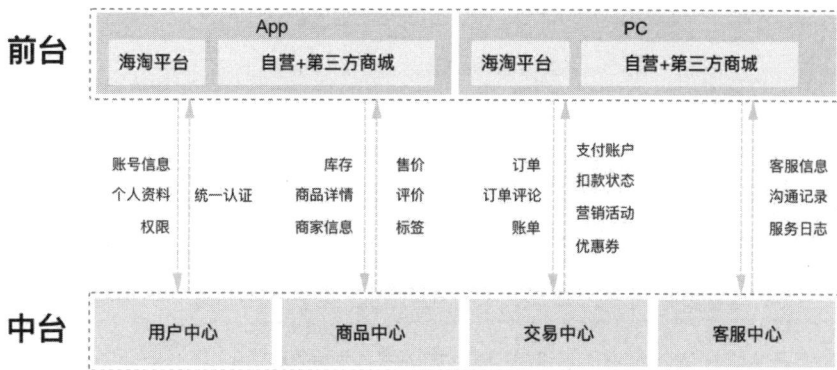

图 10-12　基于中台的业务数据流

在有了调用业务流后，我们进行前台模块重构。此时按照如下两个原则：

♪ 将公共字段统一汇总至中台。

♪ 前台业务只留存个性化部分。

此时完成前台模块的输入、输出重新分离后，我们就得到了一个中台中间件，就可以开始让前台业务线通过这个中间件接入业务中台了。

10.3.5 对接后台业务系统

到目前为止我们已经将中台的服务体系设计完毕了，我们要处理的最后一大项任务就是如何让中台与原有的后台系统进行对接。

先看一下我们现有公司中所有后台系统，在这里一共存在两款后台系统：

♪ 企业资源计划（Enterprise Resource Planning，ERP）系统：负责采购计划的生成、对应财务信息录入等采购计划管理。

♪ 仓储管理系统（Warehouse Management System，WMS）：负责采购后的产品出入库管理，以及分拣、打包、发货等一系列发货流程管理。

此时我们第一步需要挨个梳理这些后台系统与原先业务系统的调用关系是什么。在这儿我们看一下没有中台前的原系统业务流程：

♪ 在 ERP 系统中，创建采购计划，根据填写的采购商品名称、规格、数量等生成采购单。

♪ 在 WMS 中，商品入库并生成入库单（并分为 3 类商品：海淘、自营、第三方商家），关联采购单，进行逐一入库项验证。

♪ 在海淘电商中，读取库存上架产品，接受用户订单，订单状态流转。

♪ 在自营电商中，读取库存上架产品，接受用户订单，订单状态流转。

♪ 在第三方商城中，读取库存上架产品，接受用户订单，订单状态流转。

⟳ 在 WMS 中，接到出库指令，关联业务方记录对应类别商品的库存出库动作，包装与出库，并交付第三方快递公司。

可以看出这里的3个业务前台都直接与后台系统关联，结果就是典型的底层系统既要处理繁杂的业务流程又要去管理与前台业务的对接（如库存还需要由库存系统按业务方进行分类），导致后台系统更显得笨重。

因此我们的第二步就是将原来参与前台调用的数据通路转接至业务中台上，由业务中台实现前后台对接。我们来看中台接入后的新调用关系，如图 10-13 所示。

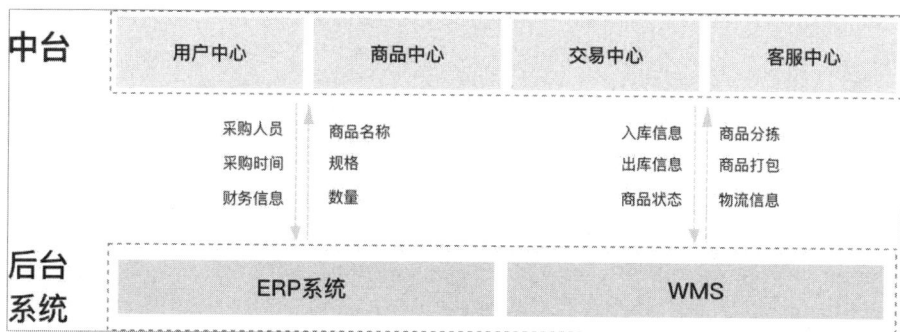

图 10-13　新调用关系

通过这样的方式我们就将业务中台成功插入了前后台之间，并在这两者之间建立起了一个封装层，使得后台无论有什么变动都不会影响到前台业务；同时也让后台系统不再管理具体业务，例如对于后台 WMS 来说，不用再将商品区分业务方，它要做的就是忠实地记录商品进出库，无论是海淘还是自营的商品，对 WMS 来说都只是一个 SKU，而将商品归属业务方的需求交由中台进行。

这样后台只负责处理底层逻辑，砍掉了多余的业务关联。假设我们下一步还要新开一条业务线，就完全不需要再让底层系统进行修改商品归属等一系列"伤筋动骨"的操作了。

10.3.6 业务中台的最终架构

在上一步我们就得出了建设完成后的业务中台与前台的交互模式，由业务中台负责去提供核心流程的处理，并将具体的业务数据与处理结果返回给前台，由前台业务线负责具体展示形式。

在案例中，我们将整体业务中台系统定义为用户中心、商品中心、交易中心、支付中心、客服中心这几个大的通用模块，以此得出了如图 10-14 所示的最终版业务中台架构。

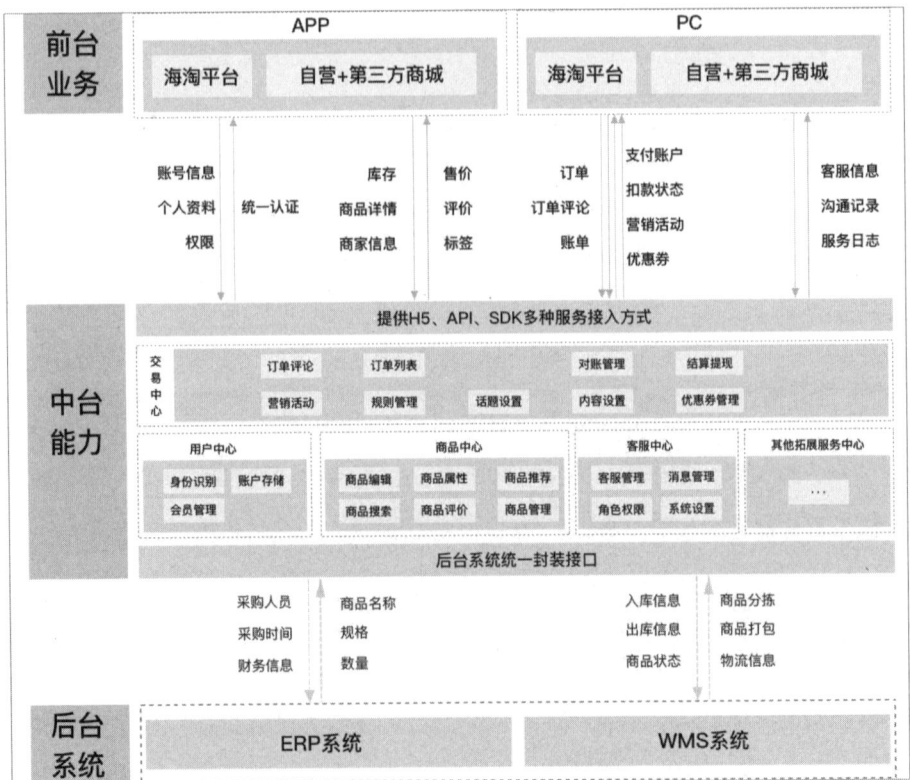

图 10-14 最终版业务中台架构

为了方便前台业务线使用中台的服务，我们将中台提供能力的方式封装为以下 3 种：

♫ 方式 1：H5 接入。我们将一些接口封装为带有具体页面的形式，此时前台只需要调用 H5 就能完成接入，前台 App 组成混合式开发。

♫ 方式 2：应用程序编程接口（API）接入。我们提供接口将相应的数据直接传输给前台业务，让前台进行二次开发。

♫ 方式 3：SDK 接入。对于一些要求体验高的场景，我们可以使用 App 的原生语言去开发一些组件，方便前台直接使用，不过唯一的缺点就是这种方式的迭代要求前台业务部门随中台同时升级，大家要注意一下。

这里为了帮助大家更好地去进行需求分析，我还总结了业务中台建设中一些常见的通用模块，如表 10-5 所示，方便大家在规划业务中台时进行参考。

表 10-5　中台通用模块范围表

序　　号	模　　块	描　　述
1	会员管理	管理全业务的会员信息
2	内容管理	信息录入与管理
3	消息通知	为客户端提供消息推送
4	搜索模块	系统内数据检索
5	注册 / 登录	用户进出系统管理

10.3.7　业务中台需求管理

前面通过一番折腾我们整理出了很多业务中台的需求，面对这些需求我们需要一个标准的需求管理工具帮助我们进行分析管理，具体可以按图 10-15 所示的 3 个处理步骤进行。

图 10-15　业务中台需求处理步骤

也就是说，一开始我们从各条业务线分析、采集到的需求都属于原始的需求，我们需要先统一将其放入候选需求池中管理，接下来我们需要经过一定的处理将其变为我们排期开发的需求。

大家先来想一个问题：当我们需要精准设计一个中台需求的时候，需要指出这个需求的哪几个关键要素？

具体来说是这两个要素：

♫ 对象。在中台需求设计中切记我们不能脱离需求对象，因为很多时候中台的需求都是为从不同业务线提炼出的通用角色而设计的，如果我们无法精确定位需求对象，做出来的功能就很难在不同业务线进行复用。

♫ 场景。明确该业务的使用范围，从而在中台建设时能清楚定义需求服务提供的能力边界。

这就是我们将需求转换为可开发的需求的关键，我们要去找到这两个关键点。

让我们来看一个案例。表 10-6 中罗列的需求是我们在对仓储物流业务线进行访谈后收到的原始需求。

表 10-6　需求收集表

编号	需 求 描 述	需 求 人	产品模块	采 集 时 间
B001	能否增加可根据指定规则自动拆单的功能，以方便对订单的管理	仓储物流业务线小 A	商户中心	2020 年 1 月 2 日

像这样的需求就是一个非常典型的业务中台原始需求，这里先给大家简单解释一下"拆单"是什么。拆单，顾名思义，就是在我们下单后，为了方便仓库发货与结算，后台需要对订单根据不同的类型进行拆分。

虽然拆单功能在 WMS 中是非常常见的功能，但是这里的需求对于我们产品经理来说在表述上是非常不明确的。例如，我们为什么要拆单？在哪些场景进行拆单？拆单过程中订单的所属角色有哪几个类型？

对此我们可以将这个需求根据两个关键要素的描述细分为表 10-7 中的这几个详

细需求。

表 10-7　需求拆分

编　号	角　色	场　景	流　程
BS001	第三方商家	自营与平台商家的订单	以订单所属为依据拆分为两类
BS002	商品库存	不同类商品存放在不同仓库	以库存为依据进行拆单

到这儿可以看到，通过这几个要素的提炼就可以将一个抽象的需求拆分为具体的、可让开发人员读懂的标准需求了。

在通过上面的方法将用户的原始需求转换为可开发的标准需求之后，接下来我们要做的就和正常需求价值评估一样，评估该需求是否值得我们投入资源去开发，以及能带来多少回报。

介绍完了需求分析的方法，在这儿我为大家补充几个在业务中台需求管理中经常用到的技巧。

技巧 1：业务中台需求鉴别

这儿还有一个业务中台需求收集的经验之谈：面对如下两类需求，我们产品经理应该坚决地砍掉，不应该进行受理。

♂ 影响业务中台定位的需求。每个业务中台的建设都是为了帮助企业适应市场的竞争，并形成自己的差异性定位。对于业务线中一些非常个性化的流程需求，当其明显与业务中台的核心定位冲突（服务整个公司）时，我们要非常谨慎地进行思考，避免需求影响到业务中台的核心。我们可以将这些个性化需求放到具体的项目中去实现，而非在通用的业务中台版本去实现。

♂ 影响用户体验的需求。有时候我们设计的功能可能为整个系统的性能及效率带来一定的提升，但是如果这些需求依赖着非常高的用户学习成本，也就是说假设我们将系统的性能提高了 5 个百分点，而给用户带来的学习成本与操作体验的难度提升了 10 个百分点，此时我们应该放弃这样的系统需求，因为我们的产品所服务的是真正的用户，而非系统人员。

技巧2：版本迭代计划安排

中台作为一个公司级的基础服务要注重稳定性，不能发布过于频繁。因此，对于早期功能重构类的版本，为了能快速试错，可以适当提高发布频率；而在中台功能稳定后，我们需要考虑全公司的业务稳定性，此时需要尽可能在一个版本中上线多个功能，从而降低发布频率。

我个人在处理中台版本迭代时，在早期每两周发布一个小版本，在中后期稳定时每个月发布一个大的版本。

10.3.8 业务中台路线图

关于业务中台的版本规划，我们初步划分出3个版本，划分依据如下：

♪ 1.0 版本以公司的主流程为主同时对无法人工代替的需求进行研发。

♪ 2.0 版本对各条业务线的主流程外的系统对接类需求进行研发。

♪ 3.0 版本对保障中台运维与防止业务出现风险的安保类需求进行研发。

根据我们的现有建设大纲，可以得到业务中台的完整路线图，如图 10-16 所示。

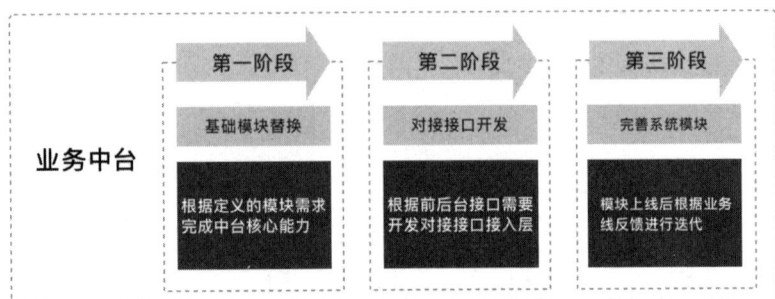

图 10-16 业务中台的完整路线图

依据这份路线图，我们将中台的接入也分为 3 个阶段：阶段一为流程验证期，阶段二为全面接入期，阶段三为运行迭代期。各个阶段的主要工作：

- **阶段一**：此时我们以跑通整个中台流程为主，并寻找一到两条业务线作为我们的试点种子用户，将中台部分模块与前台业务进行尝试性对接，在运行中检验我们的系统所存在的问题并及时优化。

- **阶段二**：业务方批量接入，中台开始正式接入公司内全部的存量系统，随着接入业务前台的数量增加，中台的能力复用设计目标正式被实现。

- **阶段三**：此时的中台已经是一个比较稳定的系统了，我们要做的是对系统的各个组件继续进行迭代优化，提高前台业务接入的效率，同时为后期新业务增长进行能力准备。

10.4 业务中台建设 KPI

既然要去建设业务中台，我们就一定要有对应的指标去考核业务中台建设的成功与否，为此我专门帮大家总结了下面的几类指标去考核业务中台对企业所起到的作用，我们将这些指标称之为效果验证性指标。具体来说，业务中台的效果验证性指标包含两个指标：**模块复用率与业务开发 TTM**。

10.4.1 指标 1：模块复用率

模块复用率的计算是用业务中台的各个模块被各条业务线所使用的次数除以业务中台各模块总使用次数。举例来看，这是我在 2018 年建设业务中台时各条业务线的复用次数，如表 10-8 所示。

表 10-8　业务线复用次数统计

序号	模　块	功　能　描　述	复用次数
1	注册／登录管理	提供手机号／邮箱／自定义账号／第三方平台ID的注册与登录服务	8（57%）
2	多账号绑定管理	提供多个子账号绑定一个主账号的服务	1（7%）
3	资金账户管理	可将本账户的积分／金币／资金以赠送／交易方式传递至其他账户	5（36%）

我们来统计下这 3 个模块的复用率：57%、7%、36%。在这儿可以很明显地看到第二个模块"多账户绑定管理"的模块复用率非常低，只有 7%，说明这个模块复用价值不高，完全可以放到对应的业务线中去单独维护。最后，这个模块被我们放回了对应的业务线，业务中台团队不再对其进行维护。

10.4.2　指标2：业务开发 TTM

在第 2 章我们也提到了 TTM（Time to Market），一般指产品上市周期。而在这里我们可以衍生一下 TTM 的定义：一个软件模块从立项研发到最终上线所需要的时间。

大家也知道，我们建设中台就是为了缩短前台业务研发所用的时间，所以要衡量中台的作用，就可以看在企业业务中台建设完成后，前台业务线再开发对应模块时 TTM 缩短了多少。

这里的核心计算公式：

原模块研发所用人日 － 业务中台化研发该模块人日 ＝ 节省的人日

前面我们不断强调业务中台的本质就是提供给各条业务线的共享服务，那么也就意味着任意一个服务一旦进行业务中台化后，被提供给至少一个前端使用时，节省成本的作用就发挥出来了，而被越多的前台业务接入则整体节省的成本越多。当然它为我们节省的就是各产品线为重复建设所付出的成本。

所以我们将上面的 TTM 公式扩充，就可以得到中台为我们带来的价值变化公式：

总成本节省 =（业务 1 节省开发成本 + 业务 2 节省开发成本 + …）- 业务中台开发成本 - 业务方迁移至中台成本 - 中台系统运维成本

到这里我们整个业务中台的方案就设计完毕了，在第 11 章我们将聊聊如何设计能监控整个业务体系的数据中台。

本章总结

知识点 1：业务中台建设步骤

在本章我们通过一个案例按照第 9 章提出的业务中台建设框架进行了实践，到这儿我们可以总结一下完整的业务中台建设步骤，分别是绘制全景功能地图（梳理业务线功能现状）、找到核心业务流程（不同业务线中的统一流程）、搭建企业级数据模型（业务数据化）、研发业务中台中间件（分布式存储模式搭建）、对接后台业务系统。

知识点 2：业务中台建设 KPI

我们主要通过两个指标来考核中台模块建设的成功与否：模块复用率、业务开发 TTM。

第 11 章

企业业务指南针：数据中台设计实战

如果你不能衡量它，那么你就不能有效增长它。

——彼得·德鲁克，现代管理学之父

在完成了业务中台的建设之后，我们急需做的下一步就是对业务发展情况进行监控，这就轮到数据发挥力量了。

然而在市场中很多公司在项目初期为了业务快速上线，往往只选择进行功能开发，认为数据分析在初期没有太多作用而可以在后期补上，但实际上真的是这样吗？

在这里我先谈一个健康的产品线运作概念：**闭环产品体系设计**。

所谓的闭环产品体系设计，简单来说就是将产品研发与市场反馈相关联，并按照市场需求的方向进行迭代推进。

而对应的互联网公司运作的基本模型可以简化为图 11-1。

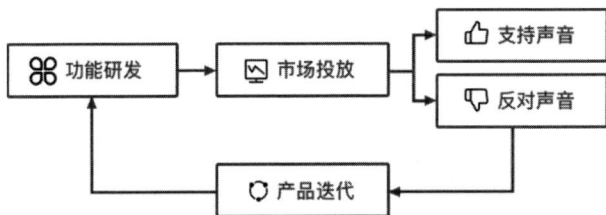

图 11-1　互联网公司基本运作模型

从图中可以看到，正确的产品生产流程应该是我们在生产产品后，在市场的反馈下及时纠正我们的发展方向并完成迭代，从而尽量让更多的用户满意。

特别是针对刚刚投放到市场中的产品，更需要急切地去确认商业模式是否正确，需求是否为用户真正的痛点，从而及时发现方向上的问题并进行及时调整。

就拿市场反馈来说，一般我们将新功能发布并放入市场后，真正有效的市场反馈声音无非朝两个极端方向发展："我不喜欢这个功能，非常难用"；"哇，我喜欢这个功能"。所以在市场还未做出统一情绪反应时，迅速发现市场声音并开始新版本迭代，将用户的声音引向支持的方向——这是我们迭代最重要的意义。

那么要如何低成本而又快速地定位用户声音呢？这个时候数据的作用就突显出来了，在这里我们不用去耗时耗力地做大量的用户访谈调查，就可以直接又真实地看到用户的行为：到底用户偏好产品中的哪些功能，是否有我们以为会大受欢迎的功能却被用户"残忍"抛弃，等等。这样我们可以快速定位市场的声音。

而如果在初期不建立数据监控体系，公司的运作模型就会是畸形的，如图 11-2 所示。

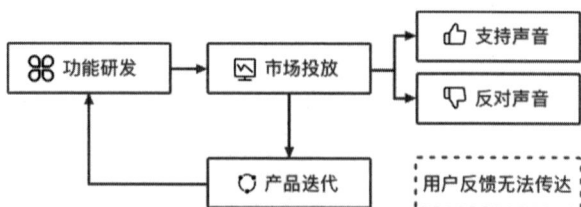

图 11-2　互联网公司畸形运作模型

简单来说：一切投放用户市场的产品，都需要有来自市场反馈的声音，否则就是设计者在"自嗨"。

到这儿我们已经明白了数据分析的重要性，那么我们如果要对一家企业的整体业务进行数据监控，又要如何建设对应的数据运营系统呢？

我来带大家回想下，我们平时是怎么为业务线搭建数据中心的。在以往的业务体系中，我们大致进行这样的一系列动作：

- 步骤 1：选定用户动作，在应用中对应位置进行埋点并建立起数据分析后台。

- 步骤 2：当用户使用对应的模块时，触发用户数据采集动作，并回传至后台系统。

- 步骤 3：后台分析当前用户群体对功能的接受度与是否帮助用户解决了其需求。

♪ 步骤4：根据结果进行对应的产品功能优化。

也就是说，在业务线单一的情况下，我们是通过直接从用户层面收集数据来获得用户对产品的反馈声音的，如图11-3所示。

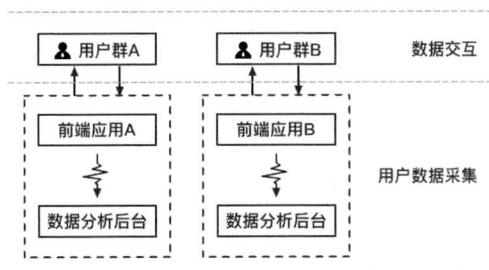

图11-3　传统用户数据采集方式

但是实际上，这种方式只能是在公司各条业务线没有进入高速发展期时的临时解决方案。为什么这样说呢?

因为随着业务的发展，我们对于用户数据的收集维度会不断进行拓展，对于用户事件的分析也会不断深入，如用户喜好哪个类型的设计、用户一般性操作路径是怎么样的。而当一家公司的业务实现多元化之后，这种解决方案中的一个相当棘手的问题就暴露出来了，即我们每上线一套新的产品时都需要为其搭建单独的数据采集、存储、分析的数据运营中心。

除了数据运营中心的重复建设，更严重的问题是各条业务线的数据被自身的数据运营中心所限制，并在公司内部成为若干个数据集合单元，任意公司级的决策和数据分析都无法直接通过某个横向维度去进行，如公司级的用户画像、整个公司的交易量实时变化情况、整个公司的核心指标发展情况。各条业务线只能知道自己所面对的这一小部分用户，无法对整个用户群体的动向进行预测。

而此时面对一些必须进行横向维度分析的指标，如整个公司的收入变化，我们只能通过将各条业务线的收入数据进行人工加总得到对应的数据。这就是无法直接地将各条业务线内部数据相互调用所导致的。

再举个反面例子。某集团将内部使用的 IM（即时通信）模块抽离成 SDK 并向外销售，而在自己想孵化短视频项目时，需要加入社区内用户聊天功能，想要直接引用集团的在线 IM。此时由于数据的不同步，两条业务线无论是在调用管理方面还是在业务线内部成本计算方面都变得非常繁杂。

所以面对这些问题，我们就需要一个数据中台来帮助我们进行整个公司的运营状况聚合分析。

具体来说，数据中台就是将多条分散业务线的数据进行汇总从而进行整合使用的数据系统。数据中台在整个业务体系中发挥的作用如图 11-4 所示。

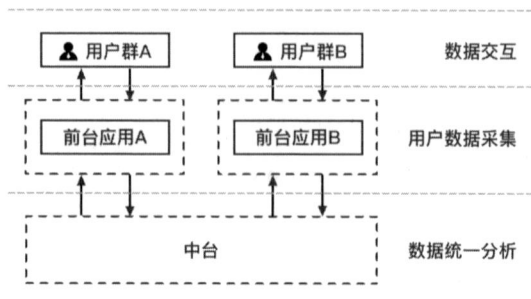

图 11-4　数据中台的简化作用

在了解完了数据中台在企业发展中是如何一步步走上舞台的，下面就让我们继续以第 10 章的案例背景来看看要如何建设数据中台。

某天在你已经完成业务中台建设后，老板将你又一次叫到了办公室里，表扬了你的建设成果，随即提出想让你为公司再搭建一套数据中台。当我们问起老板数据中台的目标时，老板只给我们留下了一句话"把电商平台做好"，那么我们要怎么做呢？

此时让我们再看一下整个公司的数据管理现状：之前介绍的海淘事业部、自营电商与开放平台在数据统计上各自对接了一套第三方×××统计的数据分析工具，线下体验中心采用了某 POS 系统。

要建设一套数据中台，乍一听这个需求非常庞大，所以我们必须将其进行细化，让其变为一个可以执行的完整方案。这里我给大家介绍一个通用的系统具体化思维方法，一般来说可以按照如图 11-5 所示的 3 个步骤进行战略拆分。

图 11-5　数据中台建设步骤

这里我来挨个解释一下：

- ♪ **战略目标**：是这个系统想要实现的业务目标，例如数据中台这个系统就是为了能总览公司的整体业务发展情况，从而有针对性地查漏补缺。

- ♪ **阶段目标**：根据如上步骤所定义出的目标，我们具体要实现哪些功能来支撑以上需求。

- ♪ **执行战术**：当方案确定后开始具体的代码研发与业务方接入推进。

这里我们将着重于前两点，进行数据中台的设计与规划。

11.1　战略目标

11.1.1　数据中台建设总思路

在第 7 章我为大家介绍了如何把握一条业务线的核心，就是通过找到关键业务公式进行拆分从而得到数据指标，而建设数据中台也是类似的，我们要找一个数据工具来帮助我们去判读怎样的业务才是好业务。唯一与之前不同的是，我们不再聚焦某一个业务（订单业务线好与坏、物流业务线好与坏），而是看这些业务线组成的整体电商业务的好与坏。

所以关于这里的工具，我们就需要用到数据指标体系（指标+事件），而数据指标体系的意义就是让业务变得可评估、可对比与可拆解。

而建立数据指标体系的最重要的前提就是找到整个公司的核心指标，也就是我们的业务目标，这和前面我们提到的商业模式画布指标相似，不过现在我们找寻的指标是用来衡量产品／平台的前进方向的。

因此，要设计一个靠谱的数据中台时，其成败的关键就是数据指标范围选择的好坏，只有真正选择出有参考价值的数据指标才能真正将产品变为闭环设计。

对此，在整个方案中，我们可以利用核心业务驱动来帮助我们确定数据指标范围，如图 11-6 所示。

图 11-6　数据指标范围的确定

不过在数据指标体系的指标选择中，很多产品经理在这里经常会遇到两类问题：

♪ 采集数据颗粒度过细导致应用资源消耗过大。很多产品经理在定义元数据时，由于不能清楚地定位数据平台的使用方向并且害怕遗漏数据，便将产品中所有行为操作事无巨细都做上埋点，此时为整个应用带来的资源消耗是相当庞大的。大家可以试想一下，倘若一个新闻资讯类产品让用户在看一条新闻时的加载时间和缓冲一部小视频的时间一样多，此时用户绝对会卸载这个应用。

♪ 数据统计点过少（颗粒度过大）导致发现问题却无法定位具体原因。当然也出现了另外一种极端采集现象，为了避免应用过于臃肿而只采集日活、月活、留存等一级数据，导致出现用户量抖动变化时，无法定位出究竟是什么问题导致的，这其实对我们来说比不知道用户流失还难受。

先卖个关子，我将在后面来为大家解答这两个问题。

11.1.2　选择一个合格的北极星指标

在搞懂了上面的建设思维之后，就让我们来进行一次实践。按照上面的第一步，我们需要对老板的那句"把电商平台做好"进行一次拆解，去定义出业务核心指标。那么如何找到业务的核心指标呢？

答案就是我们应该去问自己到底什么才是我们的业务核心，也就是对于不同的产品来说，在迭代初期都应该有一个核心：你最想让用户在你这儿干什么。

这里我们可以参考在硅谷十分流行的一个产品目标设计的经典思路：产品设计者必须弄清楚自己的产品与用户"博弈"的是什么。而这里的"博弈"指的就是用户的本质诉求与你提供的解决方案间的博弈。

我们可以分析一下市面上一些非常流行的产品，例如社交软件的代表微信、视频软件的代表腾讯视频、电商平台的代表淘宝网，不难发现这些产品都至少参与了以下 3 种博弈之中的一种：

- ♫ 注意力博弈：用户在我们的产品中花费了多少时间，也就是在他全天使用的产品时间中，我们产品使用时间的占比是多少。
- ♫ 交易量博弈：用户在我们的产品中产生了多少交易量。
- ♫ 创造力博弈：用户在我们的产品中创造了多少高价值的内容。

不过值得注意的是，从这 3 种博弈中我们只能选择一种作为本产品的核心价值，并在该方向上去发现我们的业务指标。

比如我们选定了注意力博弈，那么对于对应核心指标的选定，我们就应该围绕应用中最能吸引用户的指标。

举例来说，新闻资讯平台想让用户浏览阅读，视频网站想让用户看视频，而不是去商品比价或者搞什么视频评论等衍生需求。

在找到产品的核心指标后，接下来我们就要开始思考什么指标可以衡量其好坏。像刚才说的资讯平台，对于阅读动作，我们可以用页面浏览量（Page View，PV）这一指标去衡量。

再多举几个例子来说：

- ♫ 视频平台：关键视频播放次数。
- ♫ 社交应用：单用户日均发言数。
- ♫ 社区平台：用户发帖数、回帖数。
- ♫ 电商平台：用户下单量、客单价。

所以总结下来，只有业务的核心数据才会对我们有意义，而不是笼统计算得出的用户访问量。

回到这里的电商案例，我们来思考一下电商平台内的各种功能，实际上商品、会员、订单、购物车、物流等这些模块在本质上都是在维护"货"和"人"这两个对象的关系。

"货"泛指电商 App 中的各个商品信息，也就是这个产品的内容信息，如 iPhone 手机、小米电视等；"人"泛指电商中前来浏览与下单的用户。到这儿我们也找到了数据中台基本的两类数据元素，后面所有的分析都要基于这两者，此时我们也称之为唯一关键指标（OMTM）。

不过我们既然在做战略目标分析，当然不能只停留在"货"和"人"这两个抽象的字眼上，还需要细化。对照电商内的功能可以发现，对于"货"的管理实际上分**品类管理**与**库存管理**两个部分，而对于人的管理在本质上就是在关注整个系统的**销**

售额有多少。

所以在"战略目标"这里，我们就得出了这样的结论：要能展示"货"和"人"的发展情况，如图 11-7 所示。

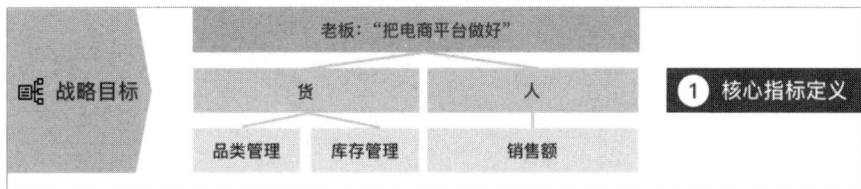

图 11-7　数据中台的战略目标

在这里我们还可以做一些拓展，本案例中我们选定了"货"和"人"作为我们的战略起点，实际上任何平台其实都在运作这两个部分：

- ♫ **产品运营**：产品内部信息的维护、迭代、更新（抽象意义上的"货"）。
- ♫ **用户运营**：主要围绕用户的拉新、促活、留存以及转化这四个方面。

11.2　阶段目标

通过上一步我们已经明确了整个系统的建设目标，在"阶段目标"这里，我们要做的就是定义出这些数据指标体系需求具体要分为哪些部分，又要按什么样的阶段去分步达成。一般来说，我们会将数据指标体系需求分为两部分：**直接采集后的统计数据与特定事件分析结果数据**。

11.2.1　统计数据

在日常的数据需求中，其实有很大一部分只需要看到数字，例如我们的交易量是多少，我们的库存是多少，各品类哪款最畅销等。在这些数据需求中，没有过多的运算逻辑，只需要基本的统计。我们将这类的数据称为数据指标。

那要如何梳理这些数据指标呢？我们可以分为两步来进行。首先需要依据公司内不同层级人群的指标需求进行归类，因为一个公司内部不同层级的人对于数据的需求肯定是不同的，例如老板对于数据的需求和某个功能的产品经理对于数据的需求肯定是不相同的。所以根据公司不同层级关注点不同，我们可以将指标建设分为下面 3 个层级。

层级一：战略指标

这类指标一般用来衡量公司整体业务的完成情况。关于这里的指标，我们一般会选取与业务密切关联的，并且是整个行业中进行企业间对比、参考时所用的指标。找到这些指标就可以帮助整个公司内的员工树立统一的前进目标。特别注意的一点：在数量上，我们不要有过多的战略指标。

例如对于电商公司来说，战略指标可以分为 GMV、用户数、总利润等这类企业的宏观数据。

层级二：战术指标

除战略目标之外，我们需要监控的另一个指标便是公司中支撑这些战略目标的具体业务的进展情况，例如企业为了完成一级指标肯定会做出对应的业务部署，如成立相应的业务线或成立相关的研发小组等。所以我们面对这里的指标就要去考量各业务线目标完成情况。

以电商公司中的订单中心为例，这里的战术指标可以定义为总订单量（支付订单量+未支付订单量）、总订单支付金额。

层级三：行动指标

继续将上一层级指标拆分，我们就可以得到层级三的行动指标。行动指标主要是对各条业务线中的目标进行拆分，帮助我们来确定在具体工作中到底是哪个环节出现了问题。一般情况下，层级三的行动指标是可以指导具体一线工作的人员（例如产品经理或运营经理）开展下一步工作的指标。

还是以订单为例，行动指标可以选定为订单付款转化率、订单付款后取消率。我们可以仔细观察，当发现订单转化率数据异常时，去有针对性地检查并及时调整。

此时我们就得出了整个公司不同层级的数据指标需求，如图 11-8 所示。

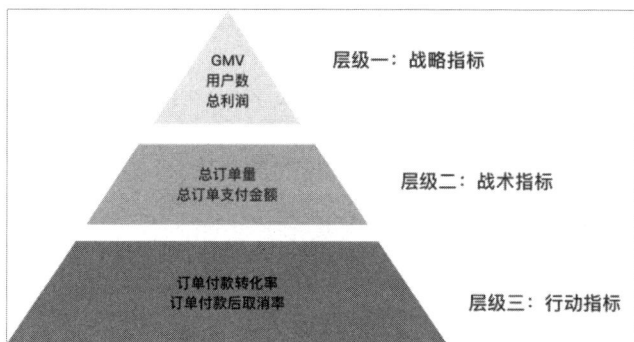

图 11-8　公司各层级数据指标需求

这里我们可以总结一下，公司对数据指标进行分层拆分时的一般性规则：

♬ 层级一的指标能否涵盖整个公司的战略目标，例如我们的战略目标是在今年实现公司盈利，而此时如果我们只统计业务订单数而忽略利润率的统计，那么到最后我们还是无法直接看出公司的盈利情况。

♬ 层级二的指标能否反映公司战略目标的承担者（也就是各条业务线）的业务进展情况。

♬ 层级三的指标能否帮助我们在第一时间发现具体业务环节所出现的问题。

通过第一步的层级划分，我们已经确定了指标的层级体系。所以第二步我们需要在已经划分出的各个层级中去进一步地完善和细化数据指标，从而让统计更加全面。但是在一开始的案例中我们也说了数据指标的规划切勿过细,那么到底要如何把握这个度呢?

我们可以从业务目标、实现方式、业务度量这 3 个维度出发来进行思考。

- ♫ 业务目标:用户使用本产品的目的是什么?我们要给用户提供哪些服务?

- ♫ 实现方式:我们通过怎样的产品设计来达成上述目标?

- ♫ 业务度量:我们用什么指标去考核这些产品功能是否达成对应的效果?

我们以电商平台为例来看看指标是什么样的。

第一步,用户进入电商平台时,他的目标是什么?

- ♫ 用户核心需求:寻找并购买目标商品。

- ♫ 电商平台提供的功能:商品类目浏览、商品详情浏览、支付购买、物流配送等。

第二步,我们根据这些平台功能去确定指标,在这里我们可以根据用户的行为事件将指标划分为过程类指标和结果类指标。

- ♫ 过程类指标:本类指标用于衡量用户在进行某个事件时的具体情况,常见的过程类指标有用户过程事件点击率、用户浏览页面深度。

- ♫ 结果类指标:本类指标用于衡量用户完成某个事件之后的效果,值得注意的是这类指标通常是后置的,也就是只能用来定性结果好坏,常见的结果类指标有某类事件发生数、完成率等。

在这里的电商平台中,我们的指标可以圈定为:

- ♫ 过程类指标:商品浏览数量、页面跳转层级、订单触发率。

- ♫ 结果类指标:订单支付率、订单总数。

总结一下这两个指标的不同,结果类指标更多是去监控整个业务的最终效果是否达到预期目标，而过程类指标则关注用户在哪个环节出现了问题。

除了按业务的设计步骤倒推指标，我们在设计指标时还需要结合不同的产品载体、设备终端、业务线等客观条件。例如，对于订单这一指标，我们可以继续从如下几个维度拆解，如图 11-9 所示。

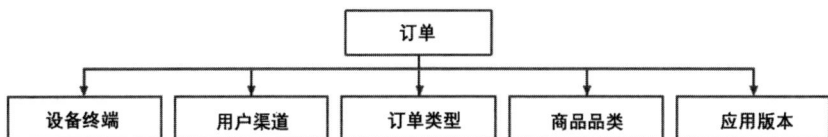

图 11-9　订单指标拆分

♪ 设备终端：我们可以按照订单发起的场景进行拆分，例如可以划分为手机端提交、PC 端提交等。这样拆分指标后，我们就可以在订单数发生问题时，第一时间去找到是哪个终端出现了问题。

♪ 用户渠道：指用户从哪个渠道获取了应用。一般我们可以给安装包设置埋点数据，再在不同的应用商店去上架不同类型的安装包，从而辨识用户的来源。随后我们就可以通过监测不同渠道来的用户的下单情况来判断这个渠道的好坏。

♪ 订单类型：我们还可以根据购买商品的类型对订单进行划分，如实物订单、虚拟商品订单等。

♪ 商品品类：按照商品品类进行指标划分，如数码类产品、图书类产品、洗护类产品等。

♪ 应用版本：也就是根据当前订单提交时的应用版本进行指标拆分，这样拆分出的指标有便于帮助我们迅速去找出产品升级是否会带来订单支付问题。

最后我们在具体定义指标时要注意，一个好的指标应该满足这几个要求：可准确反映业务情况，数据易收集，准确度高。

11.2.2 事件分析

除了统计数据指标需求，在日常的数据分析中，我们面对的很大一部分工作是对一些数据事件（比如平台订单转化事件、用户注册转化事件、平台核心事件触发情况等）进行监测。

事件分析指对特定的用户行为进行过程化的分析，从而得出定性的结果去指导下一步中产品要怎么做。而从具体的监控系统实现角度来看，数据事件就是将前面的一堆数据指标按一定顺序进行组合所形成的一组数据指标。例如用户注册转化事件，就是由登录界面的注册点击按钮触发次数、注册页面信息填写完成率、最终提交注册率 3 个指标按照点击流程组成的。

任何数据分析事件在本质上就是帮助决策者完成一个决策工具，需要建立起一个能帮助产品经理去决策当前产品发展到什么阶段了而下一步又要去做什么的工具，所以这里的"事件分析"为以下 3 件：

⚡ 如何快速定位产品当前在市场中所处态势。（是什么）

⚡ 如何找到当下产品中症结所在。（怎么了）

⚡ 带领整个团队确定产品下一步应该怎么走。（怎么做）

注：所谓态势就是指产品在市场的表现如何，如覆盖群体是多少，是否有大量用户感知到产品，市场中对产品的反应是什么样的。

那么刚才提出的这 3 个事件，其实也是一个标准的产品数据分析思维流，如图 11-10 所示。

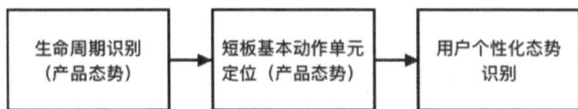

图 11-10 产品数据分析思维流

简单来说，就是要先宏观定位电商平台在市场中的态势，找到当前阶段制约用户量发展的核心问题，并在每一步的分析结果上精准判读用户群体的特点，从而完成有针对性的驱动产品设计。

下面就让我带着大家以用户分析为例来看一个完整的产品数据分析过程，我们先打开自家的自营电商产品的运营数据中心来开始下面的分析旅程。

11.3 执行战术

11.3.1 生命周期分析

第一个环节与业务中台分析一样，我们需要判断电商平台当下到底处于产品生命周期中的什么阶段。

而对于一个产品来说，其生命周期可以归类为如下 3 类：

- ♪ 萌芽期：在功能上，产品核心功能搭建完成，正在逐步扩充配套支援功能，也就是所谓的 MVP；在市场上，用户量很少，初步接纳和市场反馈几乎没有。

- ♪ 成长期：在功能上，产品核心、配套支援功能都已基本完成；在市场上，随着推广活动的展开，市场开始认知产品，大量用户进入并有市场反馈出现。

- ♪ 成熟期：在功能上，产品功能几乎全部开发完毕，开始"死磕"产品体验以完成 90 分到 95 分的打磨；在市场上，用户量达到一定体量，市场开始接纳产品，并且产品在市场上占据一定地位。

对应到数据平台上，我们要怎么去直观地判断产品生命周期呢?

事件：判读产品当前态势

这里我们还是用前面章节介绍过的生命周期判断方法，就是使用流失用户与新增用户的比例对比来判读产品当前态势：

- ♫ 产品处于萌芽阶段：新用户比例低于或等于用户流失比例。
- ♫ 产品处于成长阶段：新用户比例大于流失比例。
- ♫ 产品处于成熟阶段：新用户比例与流失比例持平。

此时我们看到，新组建的海淘业务线的用户新增与次日留存数据如图 11-11 所示。

留存率

2018-05-08至2018-06-06　　7天　14天　30天

渠道 全部 应用宝 vivo huawei xiaomi 其他 ∨　　版本 全部 v1.2.2 v1.0.3 2.0.1 v1.2.3 1.2.0 其他 ∨　　用户群 全部 ∨

日期	新增								
2018-05-20	91	35.16%	26.37%	23.08%	24.18%	15.38%	18.68%	18.68%	15.38%
2018-05-21	97	40.21%	35.21%	29.0%	30.93%	26.8%	22.68%	30.93%	17.52%
2018-05-22	1,322	2.72%	2.42%	2.04%	1.66%	1.51%	1.74%	1.66%	1.21%
2018-05-23	2,972	1.45%	1.11%	1.04%	0.77%	0.91%	0.74%	0.74%	0.64%
2018-05-24	2,980	0.84%	0.84%	0.74%	0.77%	0.7%	0.5%	0.45%	
2018-05-25	2,954	0.85%	0.37%	0.37%	0.47%	0.3%	0.24%	0.2%	
2018-05-26	2,964	0.94%	0.81%	0.81%	0.71%	0.57%	0.81%	0.57%	
2018-05-27	2,961	1.63%	0.88%	0.61%	0.54%	0.67%	0.68%	0.61%	
2018-05-28	2,987	1.15%	1.16%	0.71%	1.1%	0.96%	0.9%		
2018-05-29	2,961	1.63%	0.88%	0.61%	0.54%	0.67%			
2018-05-30	3,007	1.17%	1.16%	0.71%	1.1%				
2018-05-30	3,020	1.33%	0.88%	0.61%					
2018-06-01	3,004	1.15%	1.16%						
2018-06-02	2,983	1.34%							
2018-06-03	3,005								

图 11-11　用户留存率

从图中我们能看到在 22 号与 23 号新增用户数有过激增，可以推断出这时产品开始运营推广。用户数变化如表 11-1 所示。

表 11-1　用户数变化

序　号	日　期	新增用户数	当天流失用户数	净增用户数
1	5/20	91	59	32
2	5/21	97	58	39
3	5/22	1322	1286	36
4	5/23	2972	2929	43

从这一步我们得出了结论：平台新用户比例大于流失比例，产品处于成长阶段，但这里的产品和大多数进入成长阶段的产品存在一样的问题——留存率太低。

11.3.2　活动单元分析

事件：阶段中短板单元判断

在一个产品的运作生命周期中我们会有各种设计动作来达成不同阶段的目标，但是总体来说产品生命活动可以归类为 3 项基本动作单元：

- ♫　获取新用户：用户从外部感知到产品并进入产品。
- ♫　用户留存：产品能否制造出用户黏性，让用户留下来并重复使用产品。
- ♫　核心指标激活：产品能否引导用户完成公司的战略目标，这里不一定只有变现，还有作为产品线中的入口、附加幸福感解决方案等战略目标。

因此在定位了产品态势后，我们通常会通过检测动作事件来根据态势去寻找我们当下产品中最需要提升的基本动作单元，并去持续地检测此动作单元的数据指标，以调整产品设计。

那么在前文提到的 3 个态势中，各自的产品设计导向点是什么呢？我们又要如何监控呢？

1. 萌芽期：拉新

在这个阶段，产品的主要问题在于新用户获取不足，也就是说产品的主要设计驱动方向为获取新用户，那么我们在数据平台中主要关注的就应该是各渠道质量。渠道效果检测如图 11-12 所示。

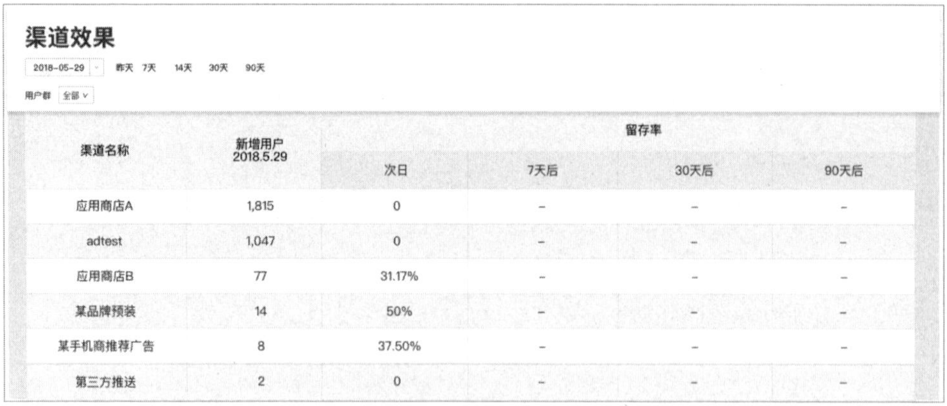
渠道效果

2018-05-29 昨天 7天 14天 30天 90天

用户群 全部

渠道名称	新增用户 2018.5.29	留存率			
		次日	7天后	30天后	90天后
应用商店A	1,815	0	-	-	-
adtest	1,047	0	-	-	-
应用商店B	77	31.17%	-	-	-
某品牌预装	14	50%	-	-	-
某手机商推荐广告	8	37.50%	-	-	-
第三方推送	2	0	-	-	-

图 11-12　渠道效果检测

我们可以看到这个第三方系统帮我们很友好地展示出了各个渠道的新增数量与留存率，能让我们对渠道的质量有大体的判断。

当然仅仅看到数据是不够的，我们在这里主要需要去观察以下两个维度。

（1）关注点：自然量

所谓自然量，就是当我们并无任何运营推广时用户通过自然检索在应用商店中下载的数量（多个渠道总和）。由于用户是自然检索进来的，用户的需求是很垂直的。通过这里的观察，我们可以清楚地看出用户是否对我们的产品满意、产品自身是否打磨到位等，同时也为渠道的质量评价与运营开展评判提供了对比点。

通过图 11-13 中的数据，我们可以看到：在 5 月 22 日之前数据一直稳定在一个较低水平，而从 22 号开始数据出现突变。因此我们可将自然量定义为 5 月 22 日前的数据——200 人 / 日。

有了自然量，此时我们就有了一个基础渠道判断指标：

- *在产品萌芽期，好渠道的获新率要大于自然量。*

- 在产品成长期／成熟期，好渠道的获新率至少要大于自然量的三分之一。

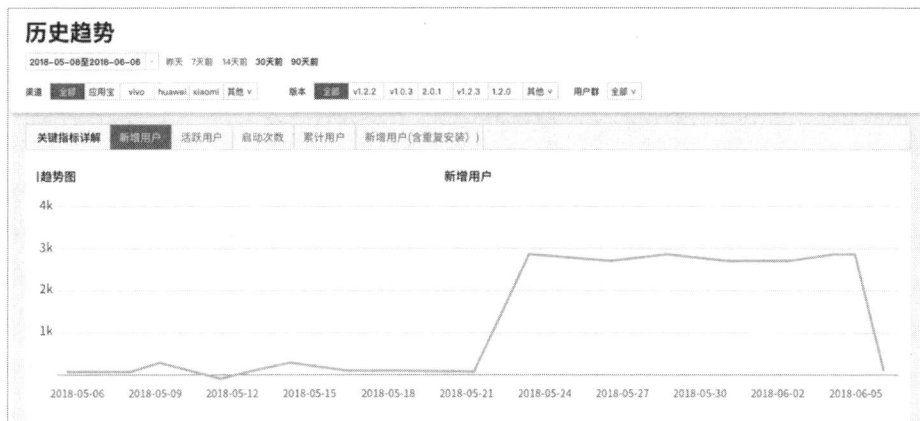

图 11-13　数据历史趋势

（2）关注点：什么渠道的 ROI 最高

做完自然量观察后，我们第二个日常中要关注的流量维度就是产品推广时的渠道监控。日常平台运营中我们经常会面对的问题就是：到底应该去找什么渠道进行推广？是在应用市场内付费推广，还是广告导流？什么渠道优势大？什么渠道用户质量高？换句话说，什么渠道 ROI 最高？此时就需要我们对各渠道的拉新数据进行监控，如图 11-14 所示。

渠道效果

2018-05-29　昨天 7天 14天 30天 90天

用户群 全部

渠道名称	新增用户 2018.5.29	留存率			
		次日	7天后	30天后	90天后
应用商店A	1,815	0	-	-	-
adtest	1,047	0	-	-	-
应用商店B	77	31.17%	-	-	-
某品牌预装	14	50%	-	-	-
某手机商推荐广告	8	37.50%	-	-	-
第三方推送	2	0	-	-	-

图 11-14　渠道效果检测

假设我们在图中 6 个渠道的付费是一样的，都为 1 万元。为了计算简单，我们将成为真正用户留存的指标范围简化为次留。由于没有现成的工具，此时我们逐个手动计算各个渠道质量，如表 11-2 所示。

表 11-2 渠道质量计算表

序号	渠道名称	拉新数量	自然量对比 (1/3)	次日留	获新成本 (元)	获客成本(元)
1	应用商店 A	1815	大于	0	5.5	该渠道没有留存住任何用户，可以理解为产品内部设计出现问题，所以此时获客成本相当于无穷大
2	adtest （广告测试）	1047	大于	0	9.6	/
3	应用商店 B	77	小于	31.17%	129.9	416.7
4	某品牌预装	14	小于	50%	714.3	1428.6
5	某手机商推荐广告	8	小于	37.50%	1250	1250
6	第三方推送	2	小于	0	5000	该渠道没有留存住任何用户，可以理解为产品内部设计出现问题，所以此时获客成本相当于无穷大

通过表格我们可以对"ROI 最高"下一个定义了：所谓"ROI 最高"就是获新成本（主要）、获客成本最低，且超过这一时期自然增加用户数量（自然量指标）最多的渠道。

我们对案例进行分析后得出结论：渠道 1 获新数量最高，但留存率很低，拉新成本很高。当下所有渠道中没有高 ROI 的渠道，所以产品自身存在较大问题，此时不建议进行大规模投放而应快速迭代改进产品，并且需要扩展新的渠道进行尝试。

2. 成长期：用户留存

当产品进入成长期，就证明我们已经有较稳定的产品拉新渠道，接下来我们需要开始追求的指标就是让更多的用户留在产品中，此时我们偏重监控的指标是留存率，还是看之前留存率那张图（见图 11-11）。

根据互联网行业内普遍规律，一般对于一款健康的 App，其留存指标：次日留存率至少要达到 25%—40%（视行业而定），7 日留存率至少为次日留存率的二分之一，30 日留存率又为 7 日留存率的一半。

我们再看上面的案例，从 22 日开始推广活动后次日留存率仅仅为 2.72%，而 7 日留存率仅为 1.66%（这里的计算规则有细微的不同，此处的 7 日留存率指周期开始前新增总人数的百分比，我们只需要简单换算就可以了）。这里就很夸张了，可以说我们通过运营活动获得的拉新几乎都流失了，没有产生多少作用。

看到这个迹象就可以断定我们的产品内部设计出了问题，产品无法解决用户需求，从而对用户没有任何吸引力，此时我们就应该去梳理产品的每个流程，找出到底是什么地方让用户感到反感从而失去了用户。

这一步中我们对案例进行分析而得出结论：数据告诉我们运营活动获得的拉新几乎全部流失了，产品的黏性很低，我们急需去提升产品自身魅力来提高留存率。

3. 成熟期：关键指标转化

在我们解决了留存问题并开始让产品有了一个稳定的增长态势后，我们下一步要做的就是进入产品的收获环节，也就是让用户去达成我们给其定下的目标——关键指标。

首先我们在产品设计中需要明确到底什么是我们的关键指标。这里的关键指标不一定是每用户平均收入（ARPU）、流量转换，还可能是由于产品在其产品线中的位置而产生的模型。

在选定关键指标后，我们需要将关键指标落实到产品操作动作流上。例如，在电商产品中用户的操作动作流：用户功能页浏览→进入含有付费入口的页面→进入

付费页→付费页底部点击支付按钮→确认弹窗→跳转第三方结算／本产品中结算→
付费成功状态提示。

之后我们需要对流程的每一步进行埋点，统计各个环节的用户进入量与流失
量，从而找出流失率最高的环节，进行外科手术般的精准改进，这也就是上一步中
我们去定流程的一个重要方法：事件动作拆分→漏斗模型检测。

这一步中我们对案例进行分析而得出结论：当下案例还未进入成熟期，还需要
打磨产品，因此要找到 App 的核心主流程动作，并使用"事件动作拆分→漏斗模型
检测"方法进行检测。

11.3.3　用户态势分析

在定位产品态势与产品薄弱环节后，接下来的一步就是要面向我们现有用户群
去进行产品设计了，因此找准用户的"七寸"进行恰到好处的产品设计就是我们这
个阶段的任务。

所谓用户的"七寸"，在产品上的具体反映就是两个部分：

- 用户静态标签：用户的固有标签，如年龄、地区、性别、所在行业等。
- 用户的产品使用习惯：用户群体使用产品的特征，如使用时间段集中在
  什么时间，偏好在什么网络下打开，平均使用时间长度有多少。

因此在数据分析系统（也就是数据中台）里，我们必须能看到一些静态标签，
如基础属性、设备、应用偏好等。让我们以静态标签为例，看看案例的数据，用户
画像如图 11-15 所示。

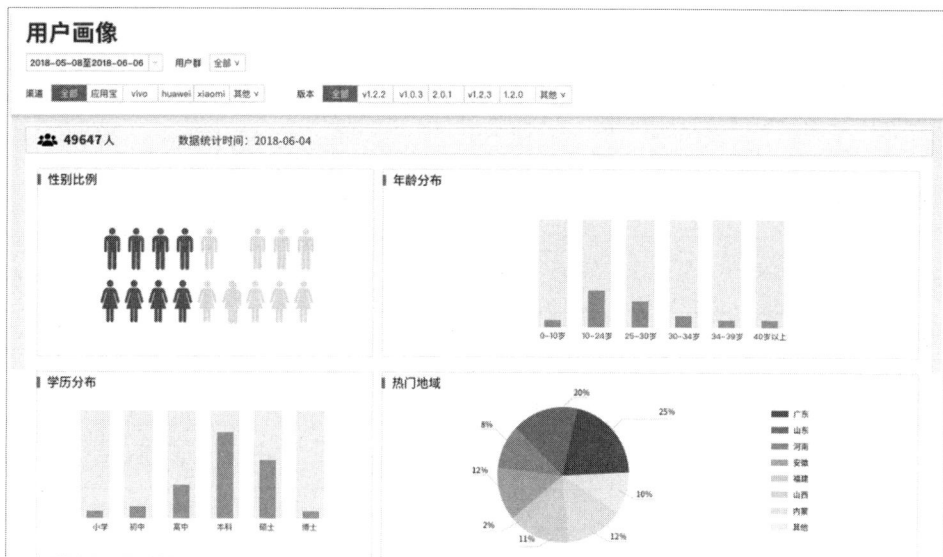

图 11-15　用户画像

这里我们能得到什么信息呢？从图中直观来看，年轻人偏多，我们的产品设计导向就可以是视觉丰富化，使用较为绚丽的主色调，并适当搭配形体感丰富的交互从而增加产品的活力。而高学历（本科及以上）人群较多，也让我们在用户教育方面可以适当减少工作量，从而提供更为简洁的主要功能体验。

这一步中我们得出结论：用户主要为年轻群体，且有较高的受教育水平，主要分布在广东、山东、河南地区。

11.3.4　数据分析结论

总结一下在事件分析的整个过程中我们的分析历程。

（1）到这儿我们已经做了事件分析汇总，如表 11-3 所示。

表 11-3　事件分析汇总

步　　骤	事 件 分 析	结　　论
第一步	产品态势：产品阶段判断	新用户比例大于流失比例，产品处于成长阶段

步　骤	事 件 分 析	结　　论
第二步	基本动作单元：渠道监控	渠道 1 获新数量最高，但留存率很低，拉新成本很高。当下所有渠道中没有高 ROI 的渠道
	基本动作单元：用户留存	数据中留存仅仅为运营活动的拉新且全部都流失了，我们急需要去提升产品设计以提高留存率
	基本动作单元：关键指标转化	找到产品的核心主流程动作，并使用"事件动作拆分→漏斗模型检测"方法进行检测
第三步	用户态势	用户主要为年轻群体，且有较高的受教育水平

（2）围绕着事件，我们对指标进行分析，如表 11-4 所示。

表 11-4　具体分析指标

序号	数 据 指 标	描　　述
1	日活、周活、月活	产品生命周期判断
2	留存率	产品是否真正解决了用户的痛点
3	渠道评价	结合渠道拉新能力的大小和拉新所用成本判断渠道的优劣
4	新增用户	产品外部曝光力大小的衡量
5	用户基本属性画像	包含什么样的社会属性群体，是高净值客户还是一般客户
6	用户行为习惯	用户使用产品时一般有什么样的规律，什么时间段内使用率最高，持续周期又是多长

这里我们做过分析的指标也被称为行业中基础的通用数据指标，对不同类型的业务都是通用的。

（3）由此，在数据中台的帮助下，我们提出的 3 个问题得到了完美解答：

♫ 产品当前在市场中所处态势：新用户比例大于流失用户比例，产品处于成长阶段。

♫ 当下产品中症结所在：渠道有快速拉新的能力，但用户留存量极少导致用户实际增加量不多，所以在渠道、留存、关键指标转化这 3 个基本动作单元中，留存是当下最大的问题。

♫ 下一步产品应该怎么走：以解决留存为主；使用漏斗模型来检测 App 对应流程中的每一步，找到流程中让用户流失的具体环节；在用户为年轻群体的背景下，可以多使用流行元素去进行产品迭代。

通过这个案例，我为大家演示了一个完整的数据分析所涉及的步骤与流程。大家在建设自己的数据中台时，就应该从指标与事件这两个维度出发去收集自己企业内部所需的分析项。

继续看这个电商场景，从事件与指标两个维度我们可以找出本案例中数据中台的阶段目标，如图 11-16 所示。

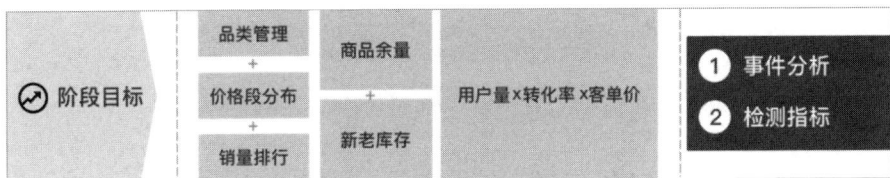

图 11-16 数据中台的阶段目标

总结归类下来，这个阶段我们对数据的需求实际就包括两部分：一部分是简单数据统计结果，另一部分是对数据在按照一定的事件、模型过滤后的计算结果。

11.3.5 通用数据模型与指标

为了方便大家在建设数据中台时去参考，这里我补充一些通用的数据分析模型与数据指标。

1. 通用数据分析模型

（1）漏斗模型

第一个我们要介绍的模型是刚刚在前文中提到的漏斗模型。漏斗模型是从传统行业的营销商业活动中演变而来的，它是一套流程式数据分析方法。

漏斗模型其实就是通过检测一个流程从起点（用户进入）到最后完成目标经历过的每个节点的用户数与上一步的转换留存数，来考核每个动作节点的效果，最终找到最需要优化的节点。可以说，漏斗模型是用户行为状态以及从起点到终点各阶段用户转化率情况的重要分析模型。

在这儿我们要明确一个漏斗模型的使用前提：所有漏斗模型的建立一定是在产品的主流程之上的，只有这样数据量才会足够大而具有样本性。让我们拿一个电商中从进入网站到购买的过程的漏斗数据集来看，如图 11-17 所示。

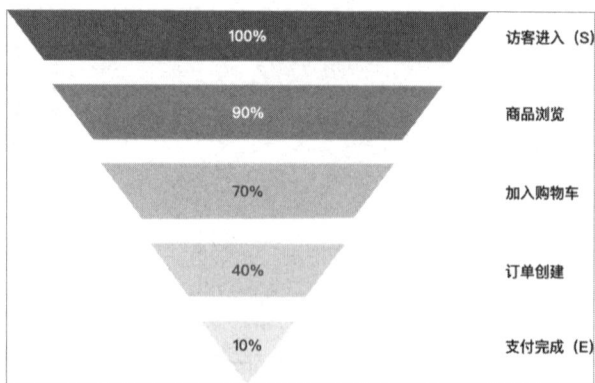

图 11-17　购买过程数据漏斗集

在第一步我们要先明确我们的目标：分析在用户从进入网站到最终转化购买这个过程中的用户数及各个环节的转化率，并最终找到这个路径中用户流失最多的环节。

根据这个目标，我们从上面的例子中可以直观地看到这样一个事实：用户从网站首页到商品详情页的这一环节的转化率相对于其他环节是最高的。那到这儿我们就算分析完毕，找到产品的症结所在了吗？显然答案是否定的。

谈到漏斗模型的转化率比较，这里就有两个实战中的关注点是需要我们注意的。

第一点是数据怎么看。我们不能说某个环节的转化率最低，就一定是因为这个环节出现了问题。比如上面的例子，在商品浏览这个环节中，其转化率为 90%，是所有环节中最高的。但是这能说明什么呢？假设上个月这个环节的转化率是 100%，那这里反而成为产品此时最大的问题所在。

此外，如果和同行业比的话，发现行业同类产品在这个环节的平均转化率是95%，那还是说明这个环节不是足够好的。

这就是说，在我们拿到数据后，要按照一定的对比维度去进行分析，得到的结果才是有意义的。

所以在漏斗模型建立完成后，我们对数据要从如下 3 个维度去进行分析：

- ♫ **纵向对比**：也就是与自己历史同期进行对比，这种对比适用于对某一流程或其中某个步骤进行改进或优化的效果监控。

- ♫ **横向对比**：通过将本产品与竞品的同一流程转化率进行横向对比，定位自己产品出现的问题。

- ♫ **来源分类**：细分来源不同的客户类型在转化率上的表现从而完成客户群体划分，在日常分析中通常用于对网站广告或推广的效果的评价。

大家可以根据自己的需要去挑选维度来分析。

另外一点是漏斗模型的漏斗颗粒度要如何定义。在实际的场景中同一款产品会有各种各样的用户类型，比如用户来自不同的区域，拥有不同的生命周期、不同的性别、不同的年龄，他们在漏斗中的表现通常是不一样的，这也就造成了用户漏斗中的转化率往往是有很大的差异的，因此我们需要将不同的人群拆分成一个个小的漏斗去逐一分析，一点点去分析结果。

让我们再总结一下，所谓漏斗模型，就是将任意产品流程（如案例中的购物流程）抽象成一个个关键步骤，然后用转化率来衡量每一个步骤的表现，最后通过异常的数据指标找出有问题的环节，从而解决问题、优化该步骤，最终达到提升转化率的目的。

用一句话来说，漏斗模型的核心思想就是分解和归类量化。

在定位了产品出现问题的环节后，接下来让我们来看看通过什么方法能具体定位一个问题指标，这时候就轮到我们第二个通用模型登场了。

（2）杜邦分析模型

让我们先来看一下它的标准定义。杜邦分析法（DuPont Analysis）利用几种主要的财务比率之间的关系来综合地分析企业的财务状况。具体来说，它是一种用来评价公司赢利能力和股东权益回报水平以及从财务角度评价企业绩效的经典方法。其基本思想是将企业净资产收益率逐级分解为多项财务比率乘积，这样有助于深入分析与比较企业经营业绩。

说白了就是当核心指标发生变动时，将抽象的指标进行拆解，将大指标拆分成若干个底层应用中直接触达的动作，去看和核心指标相关的一些变动，从而去定位核心指标变动的原因。如果用一张图来表示，就是图 11-18。

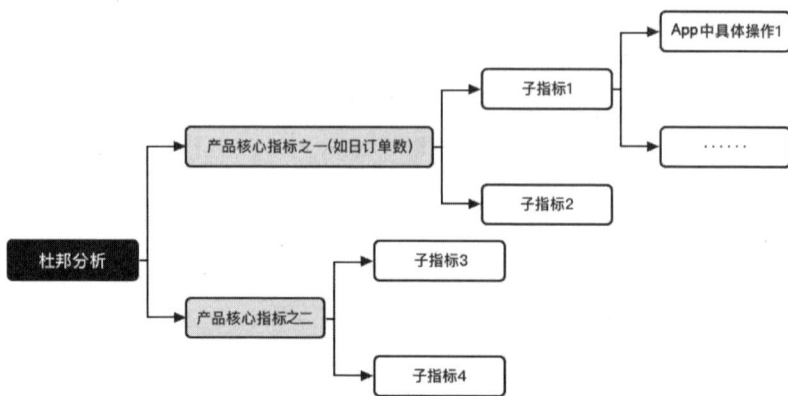

图 11-18　杜邦分析模式

一般来说，我们可以将任意一个指标分为 3 类：核心指标、子指标（若干层级）、孙代指标（让抽象的指标与 App 中动作进行关联的指标）。

那为什么要这么做呢？我们直接去看原始指标不行吗？

原因就是在现阶段一个互联网产品本身涉及的指标非常多，但产品经理却无法对这些指标面面俱到，而且这些指标中绝大多数已经脱离了我们可以直观判断其影响因素的范畴。

举例来说，当我们讨论销售额的时候讨论的是什么？注意这不是一句俏皮话，这是一个现实的问题。如果直接给我们一组销售额变化数据，我们很难有直观感受，也无法定位变化的原因。但通过指标拆分后，我们拿到的结果告诉我们，销售额变化其实就是一个产品中支付界面的流程或者投放中产品触达的组合变化。

正是因为存在如此大的抽象层级差距，所以在我们看到产品核心指标发生变化的时候，很难清楚到底是什么原因导致本指标的上升或下降。

拿一个电商的产品案例来说，电商类产品的核心指标就是成交金额。而当我们发现在我们某次日常运营活动投放后，产品的成交金额不升反而出现了下跌，这个时候问题就出现了：到底是什么让我们的产品出现这样的问题呢？这个时候就需要通过杜邦分析模型来寻找答案了。

成交额自然是电商网站中最受关注的核心指标，我们将电商成交额进行如下拆分：

♪ 核心指标拆分：销售额 = 付费人数 × 客单价

♪ 子指标拆分：付费人数 = UV × 付费转化率

这里也就是从流量、转化率和客单价 3 个方面来分析成交额的变化，以便分析到底是使用我们的 App 的人少了，是在我们的 App 上买东西的人少了，还是用户消费的金额减少了。

以独立访客（UV）为例，孙代指标拆分结果如图 11-19 所示。

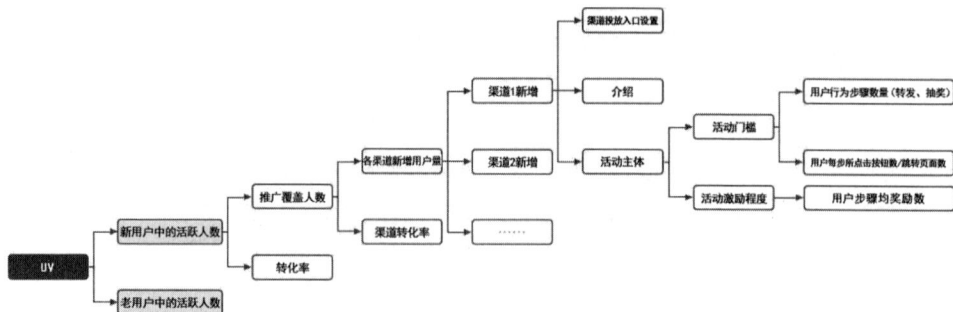

图 11-19 孙代指标拆分结果

例子中，经过层层拆分，我们看到了最后和产品相关的是我们本次活动用户步骤与步骤奖励数这两个指标。因此我们就可以根据如图11-19所示的指标去看数据来一步步寻找产品的问题。我们从运营同事那儿拿到数据并按如下步骤进行版本对比。

步骤 1. 核心指标拆分及版本对比，如表 11-5 所示。

表 11-5 核心指标拆分及版本对比

版 本 对 比	付费人数（人）	客单价（元）	付费转化率
上线前	10 000	50	27%
上线后	8000	50	27%

从这儿我们就能看到核心指标中付费人数出现了问题，那么我们就找到了入手调查的地方，让我们继续拆分付费人数这个指标。

步骤 2. 子指标拆分及版本对比，如表 11-6 所示。

表 11-6 子指标拆分及版本对比

版 本 对 比	UV（人）	付费转化率
上线前	50 000	20%
上线后	42 105	19.72%

在付费转化率几乎没有变化的情况下，UV 就成了这里最大的问题。

步骤 3. 孙代指标拆分及版本对比，如表 11-7 所示。

表 11-7　孙代指标拆分及版本对比

版 本 对 比	新用户人数（人）	老用户人数（人）
上线前	30 000	20 000
上线后	16 105	26 000

在反复循环后我们可以得到数据结果分析，如表 11-8 所示。

表 11-8　数据结果分析

版 本 对 比	活动用户步骤	步骤奖励数（按最高奖励）
上线前	3	8600 元
上线后	7	8600 元

那么在这儿我们就能清楚地看到了，由于我们本次活动要求用户操作的步骤过多——长达 7 步，用户很大程度上不愿意参与本活动，导致了用户的流失与交易金额的下降。

到这儿我们产品的解决方案也就出来了：需要对活动进行修改，减少活动用户步骤或者增大奖励。这就是杜邦分析法的最大意义——能够将问题定位得更加准确且具有可操作性。

2. 通用数据指标

前面我们已经探讨了不少数据指标，为了便于大家进行更方便的指标圈定，这里我将前面提到的通用指标进行一次拓展，为大家整理了一份完整的数据中台基础指标列表，方便大家在搭建指标体系时进行速查。

（1）App 类产品分析指标（见表 11-9）

表 11-9　App 类产品分析指标

序号	属 性	指 标 分 类	说 明
1	App 下载量	App 下载指标	针对客户端产品的数据指标，也称为装机量，指产品客户端被下载到手机、平板电脑等终端的数量，一般以拥有的独立 USERKEY / USERID 为一个有效的下载

序号	属 性	指标分类	说 明
2	App 激活量	App 下载指标	指完成有效下载后点击客户端并首次成功启动软件的用户的数量
3	App 访问用户数	App 概览指标	App 访问量的去重数据，指一段时间内点击进入客户端的具有不同身份标识的用户的数量
4	人均访问时长	App 概览指标	用户在客户端内停留时间的平均值
5	注册用户数	新增用户指标	指下载运行并且完成注册的用户的数量
6	登录用户数	新增用户指标	登录应用后至当前的时间段内，至少登录过一次的用户的数量
7	新增用户数	新增用户指标	指定周期内的登录用户数-总用户数
8	日活（DAU）	活跃用户指标	当日访客数／总用户数
9	周活（WAU）	活跃用户指标	7 日内访客数（去重）／总用户数
10	月活（MAU）	活跃用户指标	30 日内访客数（去重）／总用户数
11	本周回流用户	用户构成指标	上周未启动过应用但本周启动应用的用户
12	连续活跃 n 周用户	用户构成指标	连续 n 周，每周至少启动过一次应用的活跃用户
13	忠诚用户	用户构成指标	连续活跃 5 周及以上的用户
14	近期流失用户	用户构成指标	连续 n 周（大于或等于 1 周，但小于或等于 4 周）没有启动过应用的用户
15	流失率	用户留存率指标	指用户的流失数量与全部用户数量的比值
16	留存率	用户留存率指标	登录用户数／新增用户数×100%（一般统计周期为天）
17	次日留存率	用户留存率指标	（当天新增的用户中在第 2 天还登录的用户的数量）／第一天新增总用户数
18	3／7／14 日留存率	用户留存率指标	（第一天新增用户中在第 3 天还登录的用户的数量）／第一天新增总用户数，还可用 7 天和 30 天为周期计算周留存率和月留存率
19	启动次数指标	参与度分析指标	同一统计周期内 App 启动次数
20	人均使用时长	参与度分析指标	同一统计周期内的使用总时长／活跃用户数
21	单次使用时长	参与度分析指标	同一统计周期内的使用总时长／启动次数
22	各模块点击率	功能活跃指标	App 内各个模块点击访问次数／总 App 用户数

（2）网站类产品分析指标（见表 11-10）

表 11-10　网站类产品分析指标

序号	属 性	指标分类	说 明
1	PV	流量指标	即页面浏览量，针对网站产品而言，通常是衡量一个网站的流量的主要指标；针对客户端产品，则是衡量某个页面的流量的指标

序号	属　性	指标分类	说　明
2	UV	流量指标	即页面独立访问量，又称为独立访客，是 PV 经去重后得到的数据
3	页面平均停留时长	活跃用户指标	用户在该页面内停留时间的平均值
4	人均页读数	活跃用户指标	用户在进入客户端后到达的页面数的平均值
5	跳出率（BR）	活跃用户指标	指用户在只访问了入口页面（如软件登录页、开机引导页等）就退出客户端的访问量占所产生总访问量的百分比
6	访问渠道来源	活跃用户指标	从哪个网站来的，以什么方式来的
7	页面访问深度	活跃用户指标	用户共访问多少个页面
8	页面转化率	活跃用户指标	页面中某个功能的点击量占到达该页面的访问量的百分比，如电商产品的商品详情页中"立即购买"按钮的点击量占商品详情页的访问量的百分比，就是商品详情页的购买转化率
9	同时在线人数	活跃用户指标	即在该时间点正在使用产品的用户数，属于实时数据，有时也用并发量来表示，用以衡量客户端可承载的同时在线人数

（3）业务类分析指标（见表 11-11）

表 11-11　业务类分析指标

序号	属　性	指标分类	适用终端	说　明
1	付费收入金额	业务发展指标	App／网站	某时段内用户付费的总额
2	付费用户数	业务发展指标	App／网站	某时段内发生付费行为的用户的总数
3	新付费用户数	业务发展指标	App／网站	某时段内新增的付费用户的数量
4	付费转化率	业务发展指标	App／网站	付费用户数／××用户数，根据产品的业务形态，"××用户数"可以为视频产品的"点播用户数"
5	付费率	业务发展指标	App／网站	付费用户数／活跃用户数（日、月）
6	ARPPU 值	业务发展指标	App／网站	日付费收入／日付费用户数
7	ARPU 值	业务发展指标	App／网站	日付费收入／日活跃用户数
8	收入占比	业务发展指标	App／网站	某单项收入／总付费收入
9	收入曲线	业务发展指标	App／网站	每日、每周、每月的付费曲线，通过观察付费的高峰期，针对性地进行营销活动

序号	属 性	指标分类	适用终端	说 明
10	付费路径	业务发展指标	App／网站	分付费路径进行付费收入和付费用户数的占比统计,对占比较大的付费入口进行营销活动的露出,占比较小的入口进行产品侧的优化
11	GMV	业务发展指标	App／网站	GMV 通常被称为成交总额,属于电商平台企业成交类指标,主要指拍下订单的总金额,包含付款和未付款两部分
12	LTV	业务发展指标	App／网站	一段时间内的付费收入／一段时间内的新增用户数;一般指的是 3 日、5 日、7日、14 日、30 日、60 日、90 日 LTV,即用户从首次登录到以上日期所带来的价值
13	性别	画像-人口统计学特征	App／网站	
14	年龄	画像-人口统计学特征	App／网站	
15	学历	画像-人口统计学特征	App／网站	用户画像基本统计学指标,取决于本产品可采集多少,可由产品同学自行扩充定义
16	收入	画像-人口统计学特征	App／网站	
17	支出	画像-人口统计学特征	App／网站	
18	职业	画像-人口统计学特征	App／网站	
19	行为	画像-人口统计学特征	App／网站	
20	用户个人兴趣分析	用户画像	App／网站	指对个人生活兴趣爱好的分析
21	用户商业兴趣分析	用户画像	App／网站	指对房产、汽车、金融等消费领域的兴趣分析

大家可以针对自身不同的业务情况,对上述表中罗列的数据指标进行"自由裁剪",选取适合自己的业务的指标。到这儿,我们的整个中台数据需求就已经算是拆分完了。

11.4 数据中台 1.0 架构设计

经过上面的分析，我们完成了这样的两步工作：

♪ 工作 1：确立产品核心指标——"货"与"人"。

♪ 工作 2：确立了阶段目标中的事件。

在这个流程走完后，我们也得到如图 11-20 所示的全系统需求框架。

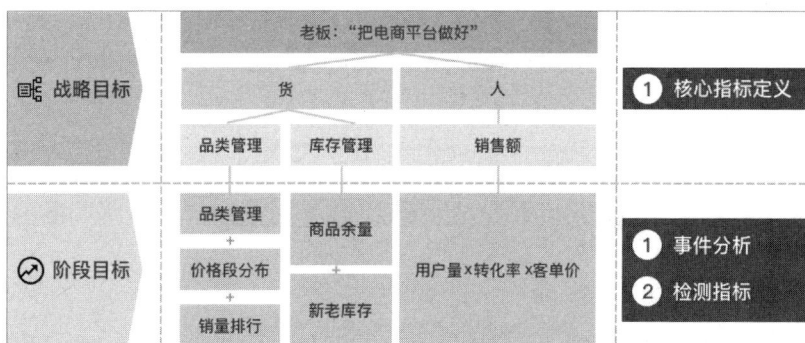

图 11-20 全系统需求框架

到这儿面对自营电商平台，我们拿出了数据中台 1.0 架构，如图 11-21 所示。

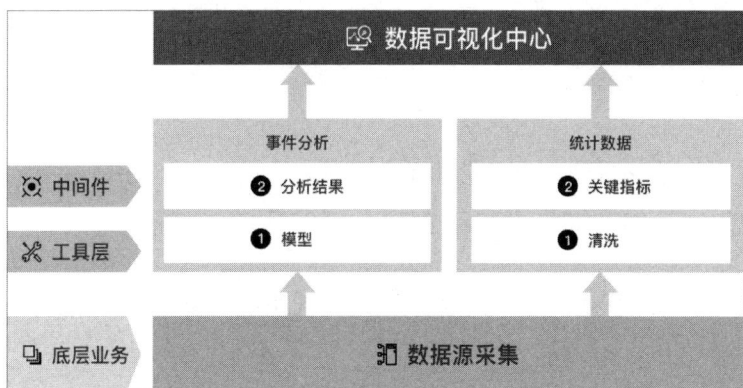

图 11-21 数据中台 1.0 架构

可以看到，我们的数据中台先从底层业务中进行数据源采集。在采集之后，我们对于数据有两种应用方法：一种是对数据进行事件分析，希望得出这一部分数据所反映的问题结果；另外一种则想要看这一堆数据的具体指代业务的变化情况。因此在工具层我们将数据分为两个部分，分别适用于事件分析和查看描述对象变化情况。

在经过工具层的处理之后，最初的数据就变成了我们可以使用的中间件产品，此时的中间件也就是事件的分析结果与统计数据的关键指标。例如，我们利用通用模型中的漏斗模型做用户注册转换率分析，并将其定义为了一个事件分析，在数据源采集不同业务线的用户注册阶段数据并将其经过工具层处理后，我们可以得到不同业务线的用户注册转换率分析结果。

那么最上面一层也就是我们的数据可视化中心，我们将这两部分的数据进行汇总，以图形化的形式提供给决策者从而方便其能更好地管理。至此我们 1.0 的数据中台架构就完成了。

但是如果有一定数据产品经验的同学看了，肯定会说：这不就是一个数据后台吗？没错，此时的 1.0 数据中台准确来说就是一个数据监控的后台。原因也很简单，因为我们分析的就仅仅是一个产品，并未涉及所谓多个产品之间的数据互通互联，那么此时肯定就只是一个数据监控后台了。

11.5 数据中台 2.0 架构设计

此时我们将这个数据中台 1.0 拿给了老板，老板看过后觉得很不错并给了几句口头表扬，接下来他立马抛出了另一个让我们头大的需求。老板笑嘻嘻地说："你能不能把我们其他几个产品也接入进来？"

此时我们听到这个需求后（内心表情忽略），终于走到了我们中台建设的核心，也就是如何搭建面向所有系统的统一数据分析架构体系。

在接受了任务之后，接下来要做的便是对整个公司现有的数据指标体系进行一次现实情况的排查，快速形成一个企业的数据体系现状的快照。调研主要在这几个方面：

- 指标体系：各业务线指标、指标数据源。

- 指标层级：指标间是否存在包含、依赖关系。

- 指标质量：口径是否统一、业务统计完整程度。

带着这样的几个出发点，当你去和各条业务线的负责人沟通完后，发现摆在面前的问题有如下几条：

- **数据源扩充**。不同业务线有不同的数据来源，如手机客户端、网页端小程序、线下体验中心的客户关系管理（CRM）系统与销售终端（POS）系统，这些终端都有自己对应用户的独立数据。此外，因为公司还要从上游购买流量，所以第三方导流平台的效果数据也要融合进中台。

- **打通各体系间的封闭**。在公司内不同的业务线所使用的仓库为同一个，那么此时，老板更想看到的肯定是每天整个库存是如何随各条业务线的变化而实时变化的整体情况。

- **建立参考系**。一些新成立不久的业务线觉得这对它们是相当重要的——在有了很多的数据之后，判断自身能否对其他业务线产生一定的帮助。

- **数据输出方式多样化**。不同的业务线对数据的取用也有不同的方式，有一些部门直接看数据中台提供的数据就足够了，而有一些可能希望对中台分析出的数据结果进行再次利用。针对这些情况，我们似乎要重新定义我们的输出方式了。

11.5.1 数据源扩充

在数据源扩充这里，我们面临着两个问题：第一个问题是我们要采集哪些数据，我们必须对此进行梳理；第二个问题是面对不同的终端与场景，获取同样的数据时需要设计对应的数据采集工具。

面对第一个问题，我们的底层业务中的数据源分类如表 11-12 所示。

表 11-12　数据源分类

序号	类别	描述	常见数据来源
1	内部直接数据	从企业内部系统中获取的数据	App / 网站埋点；从 WMS / ERP 等处采集
2	内部非直接数据	从企业线下等来源获取的非直接能拿到的数据	线下门店 POS 数据
3	外部数据	在外部系统产生且由外部系统提供的数据	微信公众号数据第三方采量 / 换量平台来源数据

面对不同终端，由于存在不同的场景，因此我们要针对各场景设计工具。经典的例子是在线上平台中由于有埋点的存在，对于注册用户与用户访客，我们都可以很容易地统计到，并将其计入我们的流量体系。

对于线下场景，如线下门店，我们又要如何统计客流量呢？一般情况下，对于线下场景，最准确的客流量数据取自用户结账的时候，此时我们才会在数据中感知到用户的存在，此时的数据也被称为成交用户数。

因此面对这种不同场景的天然差异，要如何统计用户便是一个相当棘手的问题。所以作为中台产品经理，我们在这一步必须去定位每一个终端的两个关键数据元素：

- 元素 1：本终端中可以唯一代表用户的数据是什么？例如，App 终端中我们可以使用用户手机的硬件编码作为唯一 ID。
- 元素 2：我们要以哪些系统的用户数据作为采集标准？例如，在本产品线中我们可以有多个 App，如完整版 App 与极速版 App，这里两个 App

的用户数据是不同的，我们要决定以哪一个为主。

回到案例中，我们为公司总结了不同的场景中统计用户量的数据采集完整方案，如图 11-22 所示。

	网站分析	App分析	线下分析	分享分析
用户监测	PC设备ID	手机设备ID	成交映射ID	微信/QQ/微博ID
数据采集	🖥 电商主站 🔊 广告投放	👥 海淘App 📱 电商App	🏬 门店数据 ——	🔗 社交媒体数据 🔲 第三方大数据

图 11-22　数据采集完整方案

根据这样的采集定义，我们便开始对整个公司进行数据改造，通过一番努力，我们已经成功为线上线下的不同终端建立起了对应的数据采集工具，相较于之前第三方的数据分析系统，此时我们可以清楚地看到各条业务线的数据流动。

但是新的问题又来了，我们发现很多采集来的数据无法直接使用，原因在于不同业务线对于同一指标有不同的定义，甚至一个用户由于在不同的产品线先后注册过导致在用户中心的数据板块被重复计算了 3 次。面对这一状况，接下来我们要做的便是去打通各条业务线间的数据隔阂，从而消除这里的数据误差。

11.5.2　内部体系打通

1. 数据标准化

仔细研究采集入库的数据，我们很容易就发现了这一问题的根源，各条业务线对于同一事物数据的统计口径是不相同的。因此这也成为我们中台建设的第一个要解决的难题——统一各业务口径。

什么叫业务口径呢？我们以盈利指标为例来看，在业务线部门中往往以"毛利"作为盈利指标来统计本部门利润，而在财务部中盈利指标指代的是"纯利润"

这一指标，并以此来反映各条业务线的具体营业收入情况。

这种情况就是因为毛利未扣除税费，如果用毛利来代表部门利润，能显得自己部门的收入指标更好看。而对于财务部门来说，它的直接需求方是老板，而老板想知道的就是公司到底盈利多少、分摊下来各个部门又赚了多少钱，所以会选择纯利润。

因此业务口径就是指不同人员对于同一事物的数据描述方式。

我们可以再举个例子来加深这个概念，例如各条业务线的系统都会统计订单量这个基础数据，但是不同的业务需求会导致订单量这个基础数据有不同的统计口径：

- 销售系统：统计周期内的提交订单数量。
- 财务系统：统计周期内的付款订单数量。
- BI 系统：统计周期内付款并完成的订单数量。

所以我们可以看到，同样都是在使用"订单量"这一数据名词，但其背后在不同的业务终端对应着不同的统计方式。

因此如果一个业务没有统一的标准去衡量，就加大了企业中整体数据体系汇总的难度。这就是数据口径不一致的弊端，而出现这样问题的原因就是大家对于同一个名词所代表的含义出现了重复定义。

那么要如何解决这一问题呢？这里我们可以参考借鉴阿里巴巴集团内部是如何进行数据管理的。其实阿里巴巴集团在中台建设中很早就遇到了类似的问题，在早期阿里巴巴集团的业务里光内部数据就有 29 000 多个指标，此时抽取出的数据指标不仅难以辨识，也存在同样的命名了但定义口径不一致的问题。面对这个问题，阿里巴巴集团提出了"One Data"（指"一个数据管理体系"）的数据指标管理体系解决方案，致力于让数据体系变得统一。

在 One Data 整个方案体系里，共分为数据规范定义体系、数据模型规范设计、ETL 规范研发 3 类。

这个方案的核心是采用一套公共的指标类名词规范定义方法，让大家在统一的命名标准下去快速消除歧义。

由于我们在这里只需要对数据指标定义进行梳理，所以我们具体来看看 One Data 中的数据规范定义体系部分。

One Data 中要解决命名不统一的问题，拆分下来就是通过以下这几个维度来解决的。

（1）命名规则统一

首先我们需要将此前各条业务线个性化定义出来的数据指标进行规范整理，将指标分割成原子指标、时间周期、修饰词 3 个组成要素，此时我们将这种指标称为"派生指标"。

我们先来学习下这几个子概念。原子指标就是不可再拆分的指标（我在 11.3.5 节中为大家罗列的数据中台基础指标列表其实涉及的就是原子指标，大家可以翻回去再看一看），是我们衡量一个事物的最小维度，比如我们没有办法把日活这个指标再去进行拆分，而只能添加修饰词去进一步细化到底是什么日活，如 A 业务线的日活、直播板块的日活等。而这里的"A 业务线""直播板块"实际上就是两个修饰词。

例如，原来各条业务线中对于最近 7 天的成交订单量这个数据：

♫ A 业务线将其定义为一周内支付完成的订单量。

♫ B 业务线将其定义为自然周内用户确认收货的订单量。

♫ C 业务线将其定义为 7 日内配送完成的订单。

而这个指标在经过 One Data 的规范化修改后，应该结构化分解成为：

最近 7 天某业务线的成交订单量 = 订单量 + 本周 + 某业务线、支付完成

其中"订单量"是原子指标，"某业务线""支付完成"是两个修饰词。这种指标管理方式让我们能最大限度地描述清楚这个指标统计的是什么时间、什么业务场景的数据，从而让我们能避免简单的描述带来的指标重复。图 11-23 所示的公式就是派生指标的生成公式。

图 11-23　派生指标的生成公式

对于一般修饰词，我们可以划分为如下几个维度：

♫　业务线，如海淘业务线、自营业务线等。

♫　业务事件，如加入购物车、支付、取消等。

♫　地理位置，如北京、上海、广州等。

♫　用户属性，如用户性别、年龄、教育等。

（2）指标维护的统一管理

在见识了 One Data 的威力后，我们如果只重新规范老的数据指标肯定是不够的，我们还需要对数据指标的创建与维护去设计统一的指标管理方式，从而让各条业务线创建的指标是唯一的。

对此我们在数据中台中要加入统一的数据指标生成器，如图 11-24 所示。

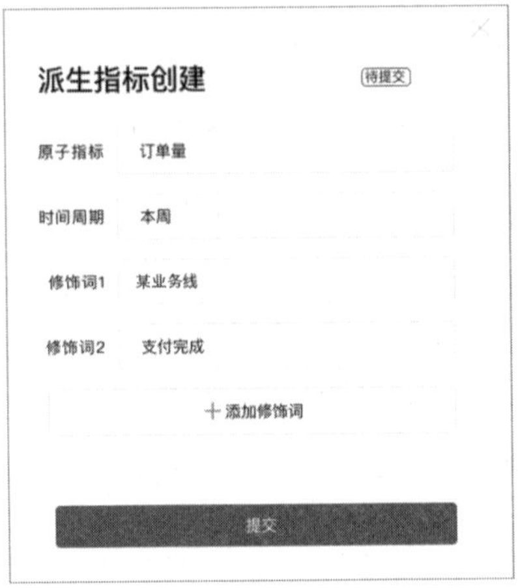

图 11-24　数据指标生成器

这个数据指标生成器的主要功能是帮助我们向底层数据库加入一个派生指标。有了这个数据指标生成器，在每次任意一条业务线需要创建新派生指标时，可以先搜索一下看其他人有没有已经创建了该指标，如果有，则可以直接与自己的业务关联使用。像7日内平台日活这类指标，一条业务线创建后，另一条业务线可以直接使用而不需要再创建。这样做的一个好处是，当多条业务线都关联了这个指标，我们可以直接在数据中台中对比数据走势，实现数据的底层打通。

当然在没有搜到的情况下，可以通过这里新建一个指标，从而保证了一个企业下的数据指标的数量不会无限扩大。

可以说阿里巴巴集团就是用这一套严格的指标拆分体系来管理每个数据指标的，从根本上消除每一个指标的歧义与整个平台中的数据维度。

学完了这个方法，我们就可以立马着手对各条业务线中的指标进行整理，让各条业务线中的指标统一起来。

2. 统一全公司用户数据

除了对内部指标类数据进行维护与管理，我们要对不同业务线中的用户进行打通，虽然大家分管不同产品，但是各个部门获得的用户对整个公司来说都是无差别的，都是自己的用户。

这里就需要引入"One ID"（指"打通的用户体系"）概念，也就是将不同产品中的用户进行统一标识并在一处管理，让用户在整个公司体系的业务中可以无缝切换。

我们继续梳理，发现在现有的业务（海淘事业部、自营电商、开放平台）中，不同业务的用户对象是不同的，这里不仅意味着用户在使用这3个业务时要分别注册一遍，同时还意味着我们要存储3套用户账户体系，包含用户昵称、支付账户、账单系统、购物历史等，这样对系统的资源占用也是相当大的。

我们再聚焦具体某用户，来看看这 3 个业务中是怎么记录的：

- 海淘事业部：手机号后四位为 4590 的用户，昨天购买了新西兰奶粉 4 罐。

- 自营电商：ID 0501×××× 今天浏览了多款国产奶粉，购买了温奶器。

- 开放平台：手机号后四位为 4590 的用户，今天浏览了多款温奶器商品。

根据这里的 3 个平台记录，如果我们遵循 One ID 设计原则，打通了三者数据，我们能干点什么呢？我先说结论：至少可以完成 3 件事。

第一件事：也是最直接的，我们可以形成一份以整个企业内的数据分析出的用户画像，如图 11-25 所示。

图 11-25　用户画像

进一步展开来看，该用户是一个刚刚有孩子的家庭成员，此时他的消费注意力主要集中在母婴类产品，且对品质有一定要求，能接受高价格产品。

当然我们可以分析得再细致一些：

- 根据他所购买产品的价格计算出消费单品可接受价格为 400 元上下。

- 根据浏览的品类进行品类偏好分析。

而现在这些数据由于被隔离在各自业务系统中，对于不同的业务线来说，就是一个人买了奶粉，一个人浏览了奶粉、买了温奶器，一个人浏览了温奶器，这 3 个孤零零的行为数据毫无价值可言。

第二件事：我们有了该用户标签后可以对其进行精准营销，将母婴产品、早教课程等向用户进行推荐，以获得精准转化。

第三件事：用户在各条业务线的操作轨迹被打通后，就可以衍生出数据智能。

通过用户在不同平台留下的操作信息，我们可以猜测用户喜好，并根据人的成长轨迹进行阶段推荐，例如随着孩子成长而推送不同年龄层的衣物、食品等。实现推荐能跟随时间一起"成长"。

此外我们可以拓展一下，One ID 除了在数据监控维度能起到重要作用，在业务中也能带来非常好的体验。再看一个产品互动的案例，当我们在一家电商商城中搜索某关键词后，再去打开该公司旗下的另一款产品，首页的搜索框自动提示上次搜索的关键词。可以说，正是 One ID 让我们将一个用户在不同的平台的场景完全串联起来了。

图 11-26 中我在电商商城搜索了显示器并点击进入查看后，再打开其二手交易平台时其搜索框中就出现了这个显示器的候选搜索词。

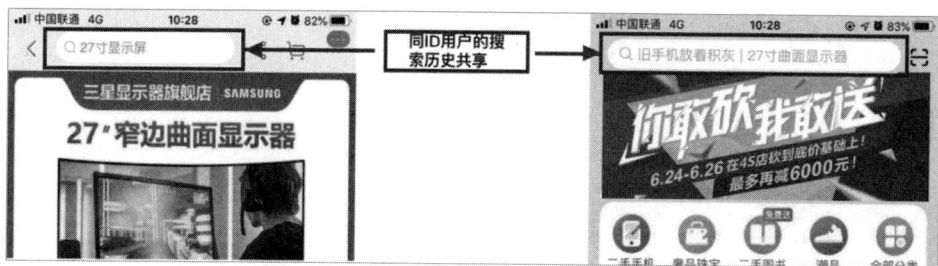

图 11-26　商城（左侧）与二手交易平台（右侧）

11.5.3　建立参考系

数据中台的另一个非常重要的目的是建立起参考系，让我们知道当前产品走到当下阶段后，活动往期与同期的对比数据是什么。

例如，公司内部新成立的拼团团面向二、三线城市的低价电商品牌，就希望能看到原来电商平台各个类型产品的销量，以将其作为我们新业务线的参考指标。

此时在数据中台中，我们需要对于不同业务线不同时期的每个事件进行结果留存，从而在其他业务线进行迭代的时候可以直接选择相同类型的事件进行参考。

11.5.4　输出多样化

最后一步，针对不同业务对数据的不同取用方式，这里我们将中台开放为数据可视化输出与数据 API 网关输出两种形式，以方便不同的业务前端使用。

通过 API 网关调用的方式，数据中台可以很方便地将内部处理后的标准化数据对外输出，方便业务线进行二次开发使用。在提供便捷的同时，针对 API 模式的特殊性，我们还需要增加一些辅助功能来保证数据安全。

功能 1　身份鉴权：只允许被授予权限的业务方进行访问，也就是我们需要搭建一个数据权限管理系统，确定每个接口调用方的数据使用范围。

功能 2　日志管理：记录核心数据访问业务方，具体记录这 3 类数据——访问时间、访问人员、访问数据范围（包括调用接口名称、次数）。

通过提供的这两个功能，服务接口的安全性大幅提高了。完善了这些，我们就得到了如图 11-27 所示的最终版数据中台架构。

至此我们成功将整个公司业务全部接入了数据中台，整个建设也已经完毕了。

综上，我们以一个模拟的案例带大家梳理了数据中台的建设全过程，大家可以对照这里的思考步骤并结合自己公司现有业务来搭建自己的数据中台。最后总结一下，企业级的数据中台建设一共分为 3 个环节：

- ♫ **底层数据采集**：使用不同的数据采集工具对不同业务线进行采集。
- ♫ **数据处理**：使采集数据流经处理层，得出事件分析结果与统计结果。

♫ **数据输出**：提供统一 API 以便各条业务线使用，还提供可视化中心以便直接查看。

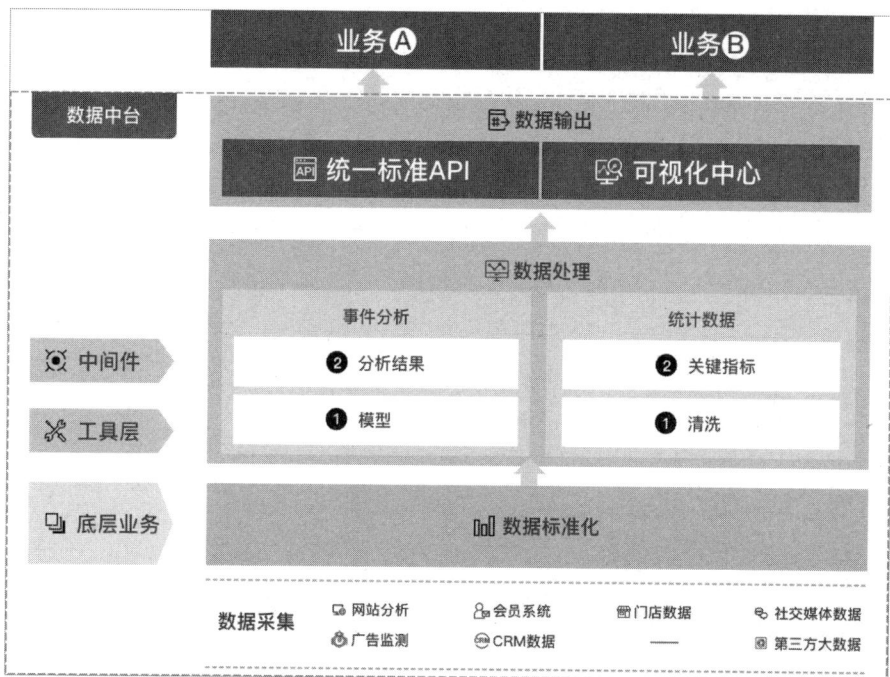

图 11-27 最终版数据中台架构

在第 12 章我们将聊聊中台中的底层——技术中台，看看技术中台如何支撑我们的这一切设计。

本章总结

知识点：数据中台建设

数据中台建设分为两个大步骤：数据分析体系搭建与多条业务线接入。

♫ 数据分析体系搭建：北极星指标确定，统计数据类指标确定，数据
事件确定。

♫ 多条业务线接入：底层多条业务线的数据源接入，打通数据流通，建立
数据参考系，提供多样式的数据输出。

第 12 章

技术中台实战设计

到这里我已经基本为大家介绍完了中台产品层面设计的一系列方法与理论，那么我在这一章就要带领大家来看一看在技术层面要如何实现这些中台设计方案。

本章不会涉及过多的技术术语，尽量保证我们非技术专业出身的同学也能看懂本章的设计实现理念。

12.1 技术中台体系架构

大家应该也能猜到技术中台作为中台的底层，其核心使命就是为各条业务线提供真正的代码实现，从而支撑各部门达成业务目标。

而在上层的数据中台与业务中台里我们已经提出了复用与模块组合的新型设计架构，那么公司的实现底层也必须改变传统的实现模式去支持这种业务需求，正因如此，我们就演化出了所谓的技术中台。具体在企业的软件体系中，技术中台的层级如图 12-1 所示。

图 12-1 技术中台的层级

前面我们已经以产品经理的视角将公司的研发人员分为了**前台业务研发人员、中台研发人员、后台研发人员** 3 类。而如果再站在公司的技术实现层面，也就是以技术人的视角来看整个研发团队，可以发现公司的技术团队可以重新拆分为**技术前台、技术中台与技术后台** 3 个部分。

技术前台是为前台业务部门进行需求开发的团队，如卖家平台业务线中的开发团队。技术前台的研发人员的核心价值体现在对业务逻辑的理解与实现上，他们响应业务方的具体需求，如系统主题色、业务流程等功能。

技术中台类似一个承上启下的中间层，对下封装复杂的实现逻辑，对上提供统一化的工具。例如，如果一家公司有多个数据库，我们在开发时每次对数据库的操作都要编写多个面向不同数据库的代码，而技术中台就将此封装起来，在前台业务中只用写业务逻辑，由技术中台来翻译成实际存储数据的数据库与数据库操作语言。

此外也将整个公司的技术能力与业务能力分离开来，让负责业务逻辑的这群人专心去完成业务实现，将性能与调优等这些内容交由中台完成，从而大大降低前台技术开发的能力标准，实现了"火力交替布置"的效果，大大节省了企业的人力资源成本。

此时技术中台就像是一个大型的工具箱，里面放满了各式各样被打磨得相当锋利的技术工具，任一前台人员在开发中拿起来使用即可。大家平时听到的一些"高大上"的技术名词，如分布式文件存储、分布式数据库、分布式缓存等这些中间件就是由技术中台所提供的。

技术后台在本质上负责我们与物理世界沟通的中间环节，通过封装底层的物理机器操作而向技术中台提供对应服务，他们负责让冷冰冰的机器运作起来去描绘五彩缤纷的互联网世界。

还是以前面电商案例来看，如果结合案例中得到的业务中台，我们可以得到公司内技术团队的体系架构，如图 12-2 所示。

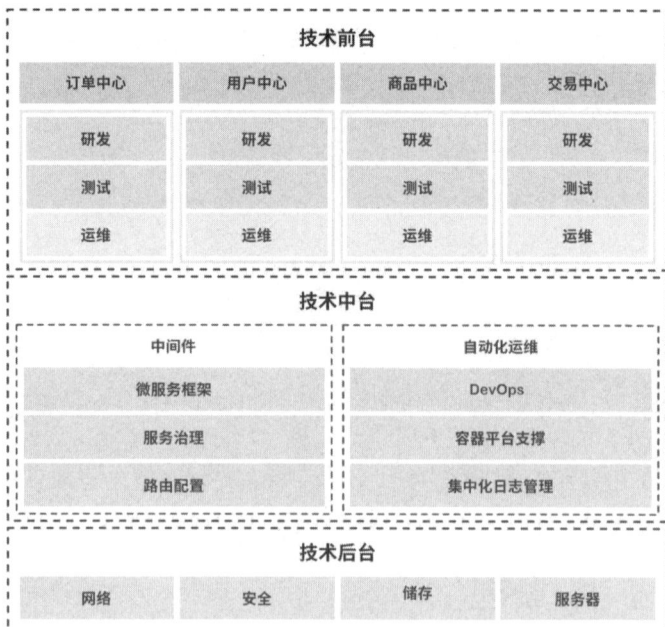

图 12-2　电商技术团队的体系架构

12.2　技术中台的原理

在任何项目的初期，系统中绝大多数功能都是非常简单的，往往在技术实现上只需要利用数据库的原子操作 CRUD[①]就能满足绝大多数需求，因此整个系统的架构也是非常清晰的。但随着系统迭代与业务的不断演化，整个系统中的业务逻辑变得越来越复杂，代码实现也变得越来越冗杂，此时系统内模块彼此关联，数据交互频繁。

---

① CRUD 是做数据处理时的增加（Create）、读取查询（Retrieve）、更新（Update）和删除（Delete）几
　个动作的英文首字母简写，主要被用在描述软件系统中数据库或者持久层的基本操作功能。

例如，笔者之前见过在一个项目中查询会员的邀请人与自己的邀请信息居然要查询将近数十张表。这样的复杂实现就导致项目成员没有一个人能说清楚所有模块的具体功能意图，造成在修改一个功能时往往光回溯该功能最初的设计就需要很长时间，更不用说修改带来的不可预知的影响。

再看一个典型的反面案例，假设我们现在要实现一个电商中的订单模块，在该模块中我们要实现订单信息查询、订单修改、订单支付、订单评价 4 个功能。

而很多时候研发同学在编写实现代码时会为了省事就直接编写统一的订单服务去解决上面的所有功能，在该服务中我们提供了订单查询接口、订单修改接口、订单支付接口、订单评价接口，该服务实现示意图如图 12-3 所示。

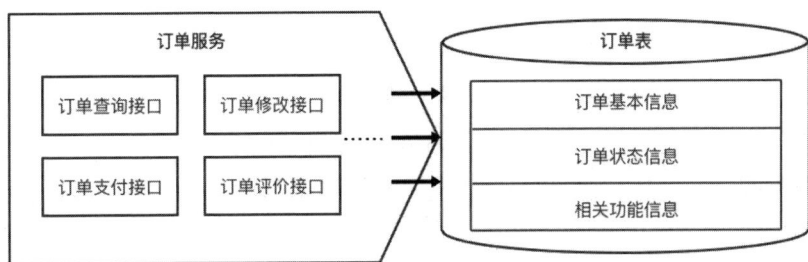

图 12-3　订单服务实现示意图

而这些接口同时访问我们整个服务统一对应的订单表，该表涵盖所有功能所需的字段：

- 订单基本信息：订单的编号、订单产生时间、购买人、店铺名称、商品名称、商品数量、商品规格等。
- 订单状态信息：订单进行状态、支付状态、货物出库状态等。
- 相关功能信息：订单评价信息、物流配送信息等。

这样的实现方式在初次建设时看似比较简单，整个实现工作量也不是很大。但是当我们为下一个功能去开发代码时就会发现非常大的问题，很可能我们有时候只想修改订单创建功能，结果因为没有考虑到关联字段的错误而影响到了订单评价等功能，此时的结果就是我们在每次修改完订单相关功能的时候，都需要对整个订单服务进行全链路的功能测试，而随着订单这个模块的功能越来越庞大，我们的测试与维护时间会呈几何式增长。

而这个问题的症结就是我们在创建服务时，该功能模块的整体架构不是很清晰，并没有将一个服务对象拆分成多个边界清晰的模块，让一个独立单元只完成一件事情。

"一件事由一个单元独立完成"的思想，其实就对应上了在前面中台规划设计中的能力，也是能快速完成新项目研发的核心，各大业务线将自己的业务切割成若干的事件，在实现时直接调用技术中台中早已封装好的服务单元即可。而随着技术中台的不断拓展，涵盖的能力越多，前台业务线能调用的服务越多，需要自主研发的地方就越少。

而这一切就是技术中台要帮助我们最终实现的，通过若干个"魔法"帮我们实现这些中台的终极目标"通用性"与"复用性"。接下来我们就来看看究竟要如何施展这些"魔法"。

12.3 如何搭建技术中台

12.3.1 SOA

在一般公司内部，技术中台的核心由标准的 SOA[①]搭建。而 SOA 直译过来是

[①] 本书中 SOA 概念仅为读者阐述了一种在软件系统实现过程中将系统拆分为多个相对独立的服务组件来开发的设计理念，非狭义的以 ESB（企业服务总线）为特征的 SOA 架构。

"面向服务的架构"。

让我们来看一个 SOA 的标准定义。ThoughtWorks 公司的技术专家、内部系统架构师 Sam Newman 在《微服务设计》一书中是这样定义的："SOA 是一种设计方法，其中包含多个服务，而服务之间通过配合最终会提供一系列功能。一个服务通常以独立的形式存在于操作系统进程中。服务之间通过网络调用，而非采用进程内调用的方式进行通信。" SOA 组成关键模块如图 12-4 所示。

图 12-4　SOA 组成关键模块

这一番话对于我们这些不搞技术的人来说确实是蛮难理解的。不过看完这段话之后，我们至少对 SOA 有了这样的一个理解：SOA 好像是将应用程序拆分为一个个的组件来实现的。那么这种架构到底是怎么帮助我们将中台架构落实的呢？

举一个大家在日常生活中应该都见到过的例子来理解一下。在前两年一些电商网站在类似"双 11"活动中都会出现一个很经典的现象，就是在刚到 0 点那一瞬间，由于我们都在那个点提交订单，此时订单页面会显示"服务器异常，订单无法提交"，这很显然是因为同时并发请求订单提交的人数太多了。

但是奇怪的是，这个时候如果我们去使用其他模块，如查看收藏夹、浏览商品，这些模块都是正常的，这就意味着在整个电商系统中只有订单模块暂时无法使用。那么这种现象的背后其实就是 SOA 在发挥作用，再说明白点就是**部分模块的故障不会导致整个系统的崩溃**，也就是说我们不会因为无法提交订单而无法使用整个电商系统。

所以通过这个案例，我们就明白了 **SOA 实际上就是将各个模块划分为独立单元去独立运行，从而保证整个系统的安全**。看到这里大家肯定会产生疑惑，既然我们可以像正常写一个应用一样去写应用中的一个个模块，再把它们独立发布到服务器上去实现这个架构中所谓的模块化独立运行，那么这样的架构又是如何使松散的各个模块之间建立关系呢?

让我们再深入一点看看这种模块独立运行架构的实现方式,还是举一个通俗化案例来说明。

我们以一个公司为例,在公司创立的时候,所有的人都听老板的指挥;老板叫你做什么,你就去做什么。随着企业的发展,人数不断增多,业务不断膨胀。那么这个时候事情也越来越多了。如果所有的事情都让老板一个人去指挥,那么效率会变得非常低下。这个时候企业要做的最重要的事情就是成立部门,于是乎公司内一下冒出了测试部、研发部、运营部等部门,我们开始让每个部门只做本部门职能内的事。

但是部门制无法避免的一个现象就是需要跨部门的协作,但是作为某一个部门内的人员,你要怎么知道找什么部门去完成什么事呢?此时我们就需要依赖一个行政部门去进行统一协调,每一个新成立的部门都在行政部那里进行备案,如做什么事情的是哪些人员,然后公布出来让所有的部门都知道,这个时候大家就可以在公共的地方查到对应的信息了。

在这个案例中,我们能看到如下几个阶段。

第一阶段:在公司刚成立时老板统一指挥所有员工,实际上映射的就是我们在项目刚刚启动的时候将所有的功能都写到一个服务中去,此时一旦任何一个功能出现了问题,整个系统都无法正常运行。

第二阶段:随着业务的复杂化,演化出的各个部门实际上就类似于我们在架构中将一个个功能独立打包成应用并独立上线,此时就能保证不会出现由于订单模块无法访问导致其他模块不能正常使用的情况。

第三阶段:部门的增多让每个部门内的人很难去了解到整个公司的全貌,这里其实就像在一个应用中随着功能的增多,当我们需要调用其他模块的服务时,例如在购物车模块调用登录验证服务以判断用户是否处于登录状态,我们需要统一的注册中心告诉我们请求的地址与请求的参数是什么，从而让我们完成应用内的通信。而每当有新服务变更线上地址，注册中心则统一通知所有的接口，这就是服务发布。

所以我们就能理解，SOA 可以将分散在企业各个组的资源与代码进行统一整合与管理，并在组内的各个模块发生变化时，使用专门的注册中心进行服务调度与通知。也正是服务调度的方式使得原有各个系统以及新构建的系统有机结合成为一个整体。

在前文中，我们也提到了业务中台，实际上业务中台就是将一个个的模块进行复用。那么从技术实现来看：**中台实际就是将每一个复用的模块作为一个独立的应用进行开发与上线，再通过服务调度来实现复用。**

12.3.2　核心：微服务

对微服务最简单的理解就是把系统按照不同的业务对象，根据提供的服务拆分成一个个大小合适并且可以独立部署的模块，每个模块相互独立但又可以任意组合从而形成可复用的架构。

比如，现在一个电商网站按照微服务的定义将会变为如下形式：

- 如果我只想要随便看看，会用到商品服务、广告服务、搜索服务等。
- 如果我想看我以前的订单，会用到登录服务、商品服务、订单服务。
- 如果我想买东西，从登录这个网站到搜索挑选商品再到成功下单，调用了登录服务、搜索服务、商品服务、购物车服务、订单服务、支付服务。

模块已经被我们拆分清楚了，那么刚在定义里提到的模块可复用究竟是什么呢？

再举个案例来看，比如现在我们要做一个多终端的员工管理系统，此时整个系统包含 PC 端、安卓客户端、iOS 客户端 3 部分。

假设现在我要编写一个员工通讯录功能，这个功能需要从数据库中读取注册员工的相关信息。如果我们不使用微服务去拆分，系统的实现模式是先在 PC 端中写一个查询方法，再从数据库中查询员工信息，然后在网页上展示。而安卓客户端与 iOS 客户端也是一样的，需要分别写一个查询方法，去数据库中查询注册员工的数据，然后在 App 上显示。

此时我们可以一眼看出来，这里有 3 个查询方法是高度相似的。这样的坏处就很明显了：3 个终端都有相似的业务代码，一旦我们的底层出现了变动，例如我们更换了数据库中的字段或者数据库表名，此时这 3 处的业务代码都需要进行修改。

所以这个时候我们就需要通过微服务的思想，将注册员工信息管理整体包装成一个独立的服务。我们可以单独创建一个项目，将这个服务部署到一台独立的服务器上，这个服务自身通过一个方法去统一访问数据库中的员工信息，此时再为这个服务编写可以提供返回数据的方法，只要有其他服务去请求这个方法接口，就会返回通用数据类型（json、xml 等）的数据给它。

也就是说，我们可以把该事件的所有操作封装到一套代码中，然后让有该事件需要的终端直接访问这套代码，这套代码也就形成"服务"。这样我们就完成了注册用户服务的开发。关于注册用户的所有相关增、删、改、查的操作，这个服务都会提供具体的操作。

这样一来，无论是 PC 端还是手机端都可以直接通过这个服务获得最新的员工数据，各条业务线不需要再关心底层的变化。而当业务发展而需要对注册员工的信息进行维度升级时，只需要单独修改这一服务。这里也就将原来客户端开发人员既要开发通讯录显示界面又要开发数据库操作的这种杂糅式研发，成功地变为两组人员独立维护自己范围内的代码片段，用研发同学的专业术语来说这就叫作"解耦"。

同理，我们刚才在上面提到了电商中的其他模块，我们可以将其单独开发成服务并部署在单独的服务器上。

这里的案例都是在告诉我们要将系统进行不断的拆分，从而实现复杂问题单一化处理。那么仅仅实现了微服务还不能称之为 SOA，因为它缺少了服务治理环节。也就是说，当我们这样的微型服务越来越多的时候，我们要想实现高效的各个服务之间的调用，就要依靠我们 SOA 中另一个重要的部分——我们的注册中心去进行服务治理。

什么是服务治理？当服务越来越多而调用方也越来越多的时候，这两者关系就会变得非常混乱，而且由于每个服务都是由一个独立的团队去进行维护迭代的，那么我们没有办法去实时搞清楚所有的服务信息变化，因此我们需要统一的对这些关系进行管理的工具。

再举一个例子来解释。比如我们有一个用户管理服务，一开始只有自营电商中心与卖家中心在使用。而随着公司业务线的拓展，我们增加了供应商中心、审计中心等，它们都需要调用用户管理服务。这个时候作为用户管理的提供方，我们只知道为多个模块提供了服务，却不知道具体为谁提供了服务。

这种单向联系的模式也就带来了一个隐患，当它自身发生变化的时候，如针对业务扩展后的需求而增加了一个接口以提供将企业内部人员与企业外部人员进行区分管理的功能，此时我们就无法很方便地通知到这些调用方。

同时由于这些业务需求方只通过接口调用了用户管理服务，作为服务的提供方，我们也无法对不同的调用方进行管理。最常见的问题：在我们的计算资源有限的情况下，要优先为哪一个需求方提供用户管理服务呢？

因此我们需要一个类似于注册中心的结构，在这里由调用方主动上报调用的申请人与相关信息，再由服务方主动上报变更信息。通过此"服务中介"，我们能自动化管理企业内部资源，实现资源协调。

再举个极端的例子，如果我们不使用 SOA 的方式进行实现，当我们后台所发布的服务有一天因为服务器出现了故障而必须更换服务器和域名时，由于我们各个服务器的域名都是直接在 App 代码中"写死"的，我们要进行替换就需要把每一个终端代码打开去挨个进行服务器地址替换。

而替换完毕之后，我们还需要重新将 App 端的应用进行打包发布，再提交应用商店审核，以让用户去更新，这中间平白增加了非常多的流程和环节。如果任何一个环节出了问题，如应用商店审核时间长、用户更新失败等，而由于之前的服务已经访问不到了，这时候用户面对的就只能是一个存在故障的应用。在这一段完全不可控的空窗期内，整个业务无疑蒙受巨大的损失。所以我们不难看到，SOA 为我们的整个系统服务带来的帮助是巨大的。

可以说技术中台在整个企业的软件系统中是一个举足轻重的环节，承载着整个中台的思想的落地与实现，而能将这一切"魔法"变为现实的核心就是我们的 SOA。

12.3.3　技术中台的并入

现在我们就可以将技术中台引入并同步更新整个公司的技术架构了，新的技术架构总体上分为 5 个部分，即展现层、接口层、服务层、数据运营和外挂系统，如图 12-5 所示。

我来总结下这个新的系统架构：

♫ 最上层是展现层，这里是我们的各条前台业务线，主要为移动端和 PC 端，由接口层直接访问技术中台。

♫ 中间层是接口层，负责提供统一的接口体系以完成展现层与服务层间的数据交互。

♪ 下层是服务层，包含 3 个部分，技术前台是对业务中台的技术实现，技术中台提供底层服务，技术后台提供直接访问底层硬件相关管理。

♪ 左侧是外挂系统，负责提供不同场景的系统与我们的系统的数据对接服务。

♪ 右侧是数据运营，负责提供数据分析服务，也就是我们的数据中台的技术实现。

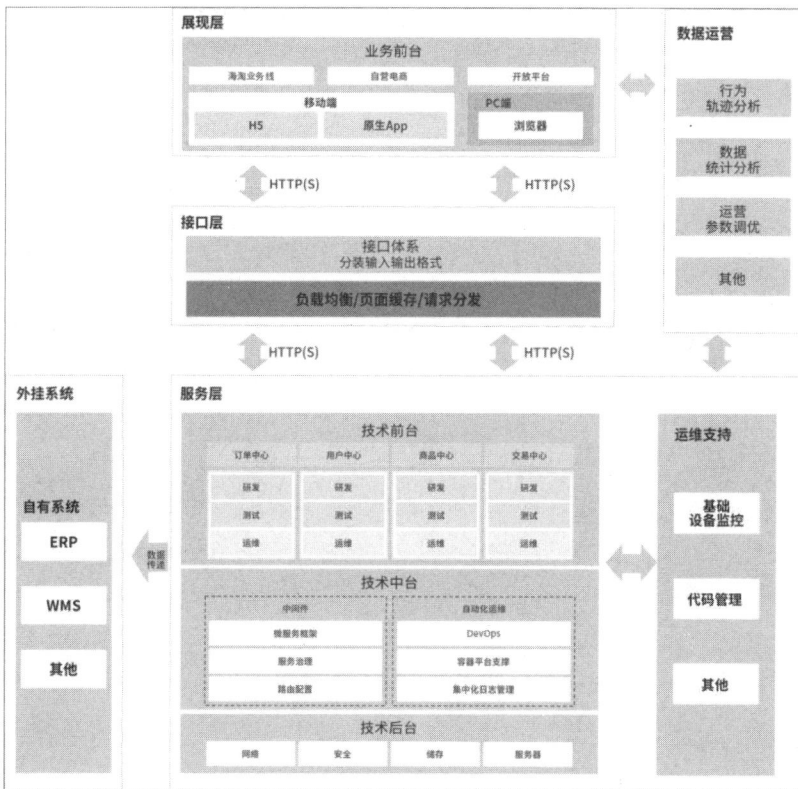

图 12-5 中台加入后的 IT 系统架构

至此我们已经成功地将技术中台嵌入原来公司的系统群了，伴随着技术中台的篇章结束，至此我们整个中台方案就已经全部介绍完毕了。

本章总结

知识点 1：搭建技术中台

搭建技术中台在本质上就是引入 SOA 来重塑公司的技术体系。

$$SOA = 微服务 + 注册中心$$

知识点 2：微服务

微服务将业务拆分成独立的模块，让每个模块可以独立上线运行。

知识点 3：注册中心

微服务统一管理微服务的模块，向各条业务线实时提供微服务模块的运行信息与地址，以便其他业务方可以动态获知服务的更新。

后记

优秀的产品经理究竟是什么样的一群人

↘ 产品人的通关之路：M-P 能力模型

↘ 优秀的产品经理优秀在什么地方

在本书的最后，让我们再上升一个高度来聊聊，如何成为一个足够优秀的产品经理？

记得在我刚刚进入产品经理这一行的时候，像很多职场新人一样，看到身边的那些"牛人"能非常熟练地完成工作并得到老板的赏识，最后又设计出伟大的产品并为公司带来巨大的价值。我就产生一个疑问：到底要怎么做才能成为像身边那些"牛人"一样优秀的产品经理？

这个问题一直困扰着我好几年，直到我参与面试工作并成为一名产品经理面试官后，我开始非常刻意地去观察每一位产品经理候选人，从面试、面试成功、入职再到日常工作。

在这些年陆陆续续面试了若干位候选人后终于解开了这个疑惑：我发现原来这么多优秀的产品经理的优秀的核心就集中在几种能力上，而这些优秀的人和我们平时最大的区别就是在思考问题的出发点与加强能力的侧重点。

经过不断观察，我把一个产品经理在职业生涯中所需要的能力抽象总结出了一个模型：**M-P 能力模型**。

产品人的通关之路：M-P 能力模型

在讲能力模型前，我想先请大家思考一个问题，到底什么是产品经理？或者说，产品经理负责的到底是什么东西？

在我看来，产品经理是对一个产品从想法诞生到需求制作，再到市场推广，再到商业变现的全流程的管理者。

我们搞清楚了这个基础概念后，其实 M-P 能力模型的定义就呼之欲出了。

M-P 能力模型是对于产品经理掌控产品的整个生命周期所必须拥有的能力的一个统称。

具体来说,这个模型分为两部分:

- ♫ **M(Market)部分:市场运作能力,也就是如何将一个应用投放到市场并带来盈利。**

- ♫ **P(Product)部分:需求生产能力,也就是将一个想法变成一个App或网页等一个具体落地应用的能力。**

这样说可能大家觉得的还是有些抽象,我还是以之前的章节中讲述概念的方式来举个工作上的例子帮助大家理解。

假如有一天老板跟你说:"小刘,我这边想做一个打车的App。"这个时候老板的这一句话对我们来说就是一个需求。

那么我们要如何将老板的这一个需求去落地变成现实呢?如果我们带着这个案例进入工作场景来思考产品经理日常的工作流程,可以发现大致分为如下两步。

第一步

对于这个需求,如果真要变出一个完整的App,那肯定不是老板说一句话那么简单。一般情况下我们的首要任务就是在核心需求的基础上去增添一些内容,使之变成一个流程健全的完整的设计方案。

举例来说,我们要在打车的基础上去增添订单功能、接单功能、司机注册功能、钱包功能、支付功能等。

所有这些功能的集合才组成了一个可让用户使用的完整App,那么这里所做的一系列需求整理和方案制作工作就是我们的需求生产能力的一部分。

当然这里还包含了另一个部分,就是我们将这些需求制作出来之后,我们还需要去跟踪开发进度，去管理开发团队以帮助他们更好地将需求落地，这就是项目管理能力。当然这也隶属于需求生产这个大范围。

所以对于**需求制作**和**项目管理**这两个部分，我们可以统一概括成需求生产能力。

第二步

在我们完成了打车 App 的制作之后，我们要做的就是市场运作。

对于市场运作的第一步，我们可以简单地理解为如何将应用投放到市场中让用户去使用。可能有同学会说了：这一步有什么难的，我们选出来之后直接发布到应用商店不就完成了，接下来无非就是做一些对应的推广活动。

市场工作肯定不是只是投放应用市场这么简单，还有很多其他工作，如市场品宣、广告投放、渠道拉新等。在这里我们就仅仅以发布到应用商店这个市场推广动作来举例。

仅仅就发布到应用商店这个动作来看，它真的就是这么简单吗？如果你觉得简单，那么请回答我下面这几个问题：

- 在市面上有如此多的应用商店，我们究竟要发布到哪个应用商店？
- 我们发布到应用商店的时候是全部发布，还是部分有选择性、针对性地去发布？
- 发布到商店能否拿到流量位？预算是否足够？
- 和渠道发布人关系如何？能否免费？
- 本产品属性能否过审核？

看完这些问题后，大家是否还觉得发布到应用商店是一件简单的事？不知道大家有没有注意过这样一个现象：平时我们在一些手机厂商自带的应用商店去搜索某些应用的时候，会被提示该商店目前暂无此应用，请跳转到腾讯应用宝去下载此应用。

这其实就意味着该应用的开发商在投放该应用的时候只投放了应用宝这一个应

用商店，并没有投放该手机厂商的应用商店。

大家有没有想过这是为什么？原因就是每家公司所拥有的资源都是有限的。

举个例子来说，一家创业公司的人员可能只有十来名，但目前市场上有数十家应用商店，而且分为了安卓和苹果两大阵营。如果我们要进行全市场投放的话，首先我们需要对每一个渠道去制作对应的推广素材，比如推广宣传图、匹配渠道的性能指标等，此时更不用说还要针对不同渠道进行机型适配了，这些工作对于一个小公司来说是根本无法承受的。

因此作为产品经理，我们要根据产品的用户特性去选择一个能带来更高的投资回报率的渠道去针对性投放，让产品能以最小的成本发布并获得最大转化。

同样地，除了市场投放，市场运作中另一个重要的部分就是商业变现。也就是当我们把产品成功推广到了市场后，此时我们要如何去进行变现呢？

是在应用中植入广告，通过广告费来进行变现？还是开设自营电商以出售商品获利？这些盈利模式的设计同样是我们的市场运作能力中的重要组成部分。

所以在了解完了这个案例后，我们就可以对 M-P 能力模型包含哪些能力做一个准确定义了。

M-P 能力模型的内核实际上包含了 4 种核心能力。可以说产品经理的整个职业发展过程就是不断去掌握这 4 种能力，如图 13-1 所示。

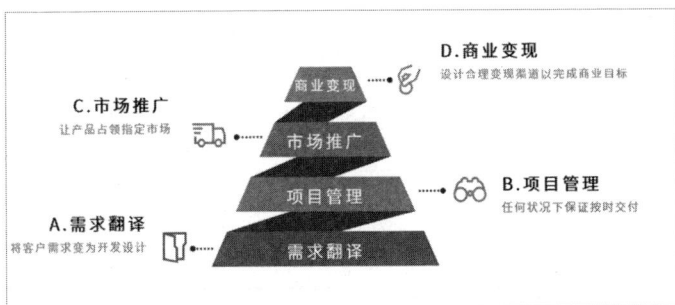

图 13-1　M-P 能力模型中的 4 种能力

M 部分——市场运作能力

C. 市场推广：如何让产品进入市场去触达目标用户，并形成规模乃至占领市场。

D. 商业变现：设计一个怎样的变现渠道，用什么方式，针对什么样的人群，以什么样的计费模式去完成我们的一个商业目标。

P 部分——需求生产能力

A. 需求翻译：通过上面这个案例，我们也能理解到这个能力其实就是能将一个庞大且抽象的需求去逐步拆解并且增添内容，直至其变成一个可以执行落地的 App 的能力。

B. 项目管理：用最简单的一句话概括就是产品经理能够保证需求在任何状态下都能被按时交付。

优秀的产品经理优秀在什么地方

在我们讲清楚这个概念之后，我们就可以回答这个问题了——优秀的产品经理优秀在什么地方？

首先让我们基于 M-P 能力模型对产品经理类型进行逐个划分。我们将不同产品经理划分为 2 个大类 4 种类型，如表 13-1 所示。

表 13-1 产品经理分类

执 行 类	筹 划 类
低级执行产品经理	筹划型产品经理
高级执行产品经理	战略型产品经理

再让我们把 M-P 能力模型中的 4 种能力填入这几个产品经理分类中，我们就得

到了这个象限坐标，如图 13-2 所示。

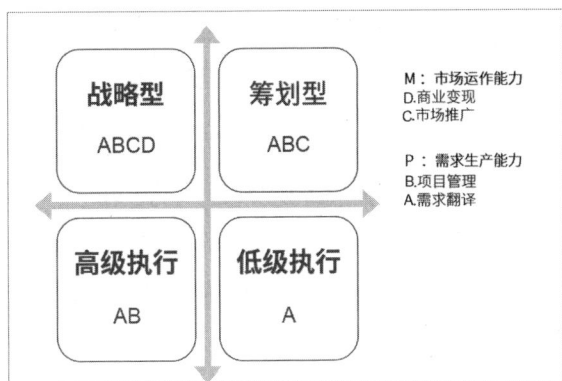

图 13-2　产品经理的能力要求

至此我们可以对"优秀"这个词做出一个准确的解释了：所谓产品经理的优秀，实质上就是掌握了 **M-P** 能力模型中偏市场层面的能力，能以大局观来看待整个产品的问题。

对刚进入产品行业的执行层级的产品经理来说，更偏重的是需求生产能力这个模块，而进入高级产品经理这一纬度，更为偏重的是市场运作能力。

还是来看刚才老板提出的打车 App 这个需求，让我们看看这几类产品经理的思考维度差异：

战略型产品经理

- ♫ **思考出发点**：主要是商业变现和市场推广维度，包含App要如何推广到全市场、如何更好地进行商业变现、这种方式的商业变现能够为公司带来多少利润、此时投入的成本又是多少、这两者之差能否为公司带来正向的现金流等，这些都是在整个战略层面要去考虑的。

- ♫ **产出**：拟定商业机会策划案，包含要如何进入打车市场（切入点）、打车市场的哪些用户需求能带来稳定的收益（盈利模式）、项目各阶段的关键时间点等。

筹划型产品经理

♪ **思考出发点**：主要去思考方案各部分目标的具体途径，即如何完成战略层的计划。比如说战略层确定的目标是做免费打车，那么究竟要如何去推广？App 面对这一核心卖点又要拥有哪些功能？根据免费打车这一思路，需要多少资源去进行配置和协调？

♪ **产出**：执行纲要，涉及 App 的具体功能范围有哪些、App 包含了哪些功能点、哪些功能是首要功能、哪些功能是次要功能等。

高级执行产品经理

♪ **思考出发点**：根据这一份执行纲要进行再次拆解，比如执行纲要列出了订单功能、钱包功能、打车功能等，此时一一进行拆解，把这些功能再拆分为若干模块，并且把模块之间前后的依赖关系梳理出来。

♪ **产出**：可执行的计划任务单，包含模块有哪些功能点、它和外面的其他模块有什么依赖关系等，并整理出产品的功能框架。

低级执行产品经理

♪ **思考出发点**：每个功能点（如绑定银行卡功能）如何实现，要如何设计流程，交互又是什么等。

♪ **产出**：需求文档、原型等，可供研发与 UI 同学进行工作量化的具体文档。

对比下来我们可以很直观地感受到，不同级别的产品经理在日常工作中处理问题的抽象程度是不同的。战略型产品经理解决的问题是最抽象的，老板只说了一句话"小刘，我这边想做一个打车的 App"，而在市场层面如何落地、在需求层面如何设计等问题全部都需要他们给出具体的方案。而低级执行产品经理解决的问题是最具体的，例如要设计一个绑定银行卡支付的功能，目标其实已经非常明确了，这个时候只需要按部就班地把每个流程梳理出来就可以完成。

产品经理的整个工作由抽象变为具体的流程，如图 13-3 所示。

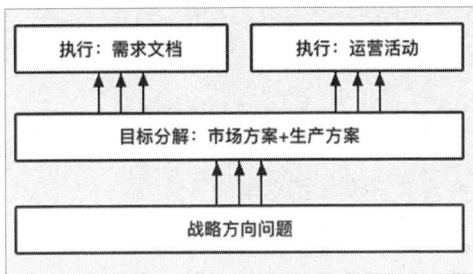

图 13-3　问题抽象流程

总结下来，要想成为一名优秀的产品经理，我们就要在掌握了需求生产（Product）能力后，不断地去学习和掌握市场（Market）层面的知识，使自己能以企业战略角度来思考问题并去解决极其抽象的问题，将问题拆解成不同的执行方案。就像这本书讨论的中台建设一样，将一个遥远的目标变为一套完整的建设方案。

祝愿看完本书的产品人，不仅在中台领域而且在整个产品生涯中都能成为最优秀的产品经理。让我们一起加油吧！

最后大家可以关注我的微信公众号"三爷茶馆"，我会持续更新产品相关内容与大家分享。

【读者服务】

扫码回复：（35638）

- 获取博文视点学院 20 元付费内容抵扣券
- 获取免费增值资源
- 获取精选书单推荐
- 加入读者交流群，与更多读者互动